勇敢地迈出产品经理生涯的第一步

我是学工业设计专业出身的，这段学习经历中让我受益至今的是一种处理问题的思维路径："发现问题—分析问题—解决问题"，它一直指导着我的产品经理工作。

其实产品经理自身的成长也是在打磨一件"产品"，通过自身不断学习成长，这件"产品"会趋于完善。那么，他的打磨过程也应该包含"发现问题—分析问题—解决问题"三个阶段。本书的内容是协助"0岁产品经理"进入产品经理生涯中"发现问题"的阶段，让他们能够快速进入角色，掌握基本的知识，并发现自身的"问题"。

本书首先给0岁产品经理搭建起了知识的框架，包含需求、设计、体验、数据等各方面的内容，让读者能够快速地掌握基础概念，这是"发现问题"的第一步，即初步了解。接下来是第二步，即"界定问题"。书中进一步结合产品经理工作中的高频场景，给出了一些重点案例，让读者能够清晰地了解工作所需要的知识、思路和方法。由此，读者能够更加具象地界定出要打磨好产品经理职业生涯这一件"产品"需要发现的问题。最后一步是读者自己来做的，即"定位问题"。结合自身情况，读者可以定位出自己需要加强的地方，在之后的工作和学习中不断提升能力。

"好好学习，天天向上。"本书后记指明了每位产品经理在阅读本书后要做的事情：在之后的产品经理的职业生涯中不断地循环"发现问题—分析问题—解决问题"的过程，提升技能并锻炼思维能力，逐步打磨好职业生涯这一件"产品"。

可以说，阅读本书是产品经理迈入职业生涯的第一步，让我们一起来"发现问题"吧。

Wi-Fi 万能钥匙联合创始人　李磊

专注是产品经理成长之路的基石

子曰：学而时习之，不亦说乎。

终生学习是现在我们常提到的一个概念，但是如何学习？学习的目的又是什么？

当权莉将她的《从需求到产品：0 岁产品经理进阶之道》书稿拿给我看的时候，我的第一反应是学习的目标就是学以致用并总结、反馈、分享。

当我认真读完这本书的时候，想要分享的的确是权莉后记的标题"好好学习，天天向上"。我推荐此书的原因也非常简单：

第一，内容简单易懂。这本书是权莉从她热爱并执着的产品经理的岗位中寻找到的解决问题的方法和经验，不但分享了实操方法，还分享了产品经理成长的经历和成长过程中的思维模式、学习方法。所以这本书非常适合刚刚进入这个行业的同学们去阅读。

第二，作者专注。在互联网方兴未艾的今天，在各种诱惑和机会不断冲击我们的选择的时代，专注是非常了不起的特质，这是许多不甘于平庸的年轻人共同拥有的特质。我从书中一些具体的案例中，能看到作者权莉专注的特质，她引导 0 岁产品经理学会如何理解业务，如何扩展知识领域，如何专注打磨产品，这对 0 岁产品经理的学习非常重要。

利欧数字网络副总裁　杨桦

从需求到产品

0岁产品经理进阶之道

FROM DEMAND

TO PRODUCT

权 莉◎著

人民邮电出版社

北京

图书在版编目（ＣＩＰ）数据

从需求到产品：0岁产品经理进阶之道 / 权莉 著
. -- 北京：人民邮电出版社，2018.8
ISBN 978-7-115-47925-9

Ⅰ．①从… Ⅱ．①权… Ⅲ．①企业管理－产品管理
Ⅳ．①F273.2

中国版本图书馆CIP数据核字(2018)第032767号

内 容 提 要

　　本书主要针对刚入职的初级产品经理，从最贴近工作状态的场景切入，对各阶段的知识点进行分类总结，旨在提供一套经过实践检验的产品方法论，为读者从初级产品经理成长为高级产品经理奠定坚实的基础。

　　书中提炼的方法和案例涵盖初级产品经理工作的方方面面，从基本技能到思维方式，从需求管理到产品规划定义，从框架选型到流程梳理，从工作模块拆解到案例剖析，用具体且贴合实际工作场景的内容，还原真实的产品工作方法及实践案例，既有方法论的输出，又有案例的实战进阶，是一本从需求挖掘、分析到推动项目实现的初级产品经理实战指南。

◆ 著　　　　　权　莉
　　责任编辑　　恭竟平
　　责任印制　　周昇亮

◆ 人民邮电出版社出版发行　　北京市丰台区成寿寺路 11 号
　　邮编　100164　　电子邮件　315@ptpress.com.cn
　　网址　http://www.ptpress.com.cn
　　廊坊市印艺阁数字科技有限公司印刷

◆ 开本：700×1000　1/16
　　印张：12.75　　　　　　　　　　2018 年 8 月第 1 版
　　字数：208 千字　　　　　　　2025 年 8 月河北第 35 次印刷

定价：49.80 元

读者服务热线：(010)81055296　印装质量热线：(010)81055316
反盗版热线：(010)81055315

找准通往优秀产品经理的路

千里之行，始于足下，从现在开始，让我们一起坚持梦想，在热爱的工作中学习，专注而执着。

最近几年，我接触了形形色色的产品经理，以及立志成为产品经理的职场新人。他们中的很多人，缺乏产品经理必需的知识体系和思维方式，也不清楚如何才能成为优秀的产品经理，所以不知道和优秀产品经理的差距在哪里，找不到努力的方向，感到很迷茫。

详细读过《从需求到产品：0 岁产品经理进阶之道》后，我相信这本书能给不同层级的产品经理带来裨益。产品经理的能力参差不齐，工作复杂多变，针对这一情况，这本书从基本技能到思维方式，从需求管理到产品规划定义，从框架选型到流程梳理，从工作模块拆解到案例剖析，用具体且贴合实际工作场景的内容，还原真实的产品工作方法及实践案例，既有方法论的输出，又有案例的实战进阶，让人受益匪浅。

纯粹的互联网行业和传统制造业，对产品经理的要求是完全不同的。《从需求到产品：0 岁产品经理进阶之道》立足产品经理所需的底层能力和特质，能快速教会产品新人各模块的技能，以及如何有机结合形成知识体系。此外，有一定经验的产品经理也能从本书中触类旁通、印证体会，有助于升华其产品思维方式和方法论。

仅仅掌握知识体系和方法论只是万里长征的第一步。每一个产品经理都需要经过实践不断的洗礼，有一个个案例加身，历经摸爬滚打才能将其内化为经验，信手拈来。作者提供了数量繁多、内容丰富的产品经理实战案例，既有来自微信的案例，又有来自作者曾任职过的微博和 Camera360 的案例。这些案例都提供了从分析思路到解决方案再到方法论沉淀的完整解决链路。同时，对应相应知识点还有为巩固知识而特设的实训。

产品经理是一个较为新兴的岗位，需要与时俱进。今天的方法到明天可能

就已经落伍了，今天的成功案例到明天可能就会是行业通例了。《从需求到产品：0 岁产品经理进阶之道》更难能可贵的是案例的时效性，作者主要选用最近一年的案例，与读者分享最新的产品思想和实战经验。

这是一本非常有趣的图书，它是中国不断涌现的产品经理成长过程中必不可少的"知识宝典"。拥有深厚产品内功的作者以启发式、代入式和学以致用的方式将产品经理进阶之道娓娓道来，相信广大走在或即将走上产品经理之路的读者都能收获良多。

极米科技联合创始人兼 CMO　杨蓉

为了纪念自己的产品生涯，我准备写一本书

随着互联网公司逐渐聚合化，To C 产品独立存在的机会越来越少，与此同时，大量传统企业逐渐利用互联网的高效性与便利性，致力于解决企业在人力、物力等资源利用方面的问题。在这样的趋势之下，越来越多的公司急需经验丰富且深入了解行业的产品经理，希望借助产品经理更好地将线下产品问题，通过线上信息化的方式，给出最优化的解决方案。但相对而言，整个市场对初级产品经理（产品助理）的需求量却逐渐降低，因为产品助理的工作经验有限，且独立解决问题的能力较弱。因此，很少有公司愿意花费大量的时间、精力去培养一名产品助理成为中高级产品经理。

基于这样的现状，较多的产品助理、产品专员开始寻觅各类培训机构、培训资源，希望能在短时间内提高自己的产品设计能力，成为能够独当一面的中高级产品经理。

其实 5 年前，产品经理岗位并没有这么火爆，大家都在摸着石头过河，你有你的术，我有我的道。检验产品经理是否靠谱的唯一标准，就是你的产品是否被用户持续使用，是否产生了市场价值。但是随着行业的成熟，越来越多的人开始想要将产品经理这份工作作为谋求更多经济利益的载体，大量的产品助理涌入行业。如何找到一种科学的方法从众多的产品助理中脱颖而出，快速成长为中高阶的产品经理，成为了很多产品助理需要解决的问题。

起初，我看到这样的现象，坦白地说，并没有太多感知。即使在帮助自己团队的产品助理成长的过程中，也未曾思考过如何把这样的帮助总结成一套方法。只是单纯地想，自己工作那么多年了，能否把一些有效的经验和实践证明过的方法、结论写下来，作为自己的工作笔记，在数年后，回顾自己的产品生涯时，能有那么一些可回忆的东西。所以，从 2016 年下半年开始，我逐步梳理自己的一些想法和经验。最初写在私人微信公众号里，后来逐步在"人人都是产品经理"论坛发表。在总结和梳理的过程中，陆续发现有些初级产品经理开始关注我的

文章，愿意跟我探讨问题，并且接受我提出的一些方法，在实际工作中开始解决问题。我慢慢发现自己也能把一些好的方法整理、归纳后，帮助到很多人。同时，自己在教育行业和传统企业转型领域的积淀，也能为一些人提供有用的信息，帮助一些人了解自己的问题，找到问题突破口。

在众人的鼓励之下，2017 年 5 月某天，我终于鼓起勇气，提笔开始撰写这本书。我在书中放置了大量的图片、案例。与其把它叫作一本书，不如叫作"一次产品经理成长之路的经验分享"。希望你能通过这些案例分析，与我找到共鸣，当你遇到困难的时候，第一时间想到的是案例给你的启发，而非那些生硬的理论知识，真的做到学以致用。

第 1 章 **想入行？请先这样做**

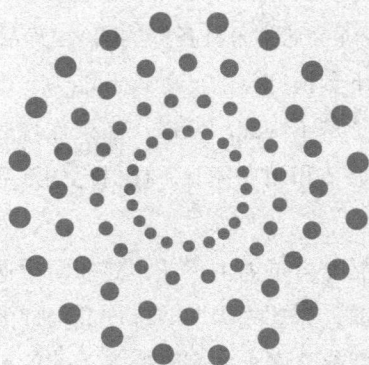

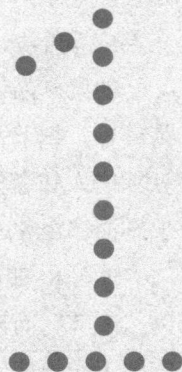

1.1 了解工作职责

产品经理的职责包括：充分了解行业，挖掘需求并寻找产品价值；把产品概念通过良好的体验设计，转化成商品化的产品和解决方案，从而让产品被市场接受；使产品长期保持竞争力，最终给公司带来价值。

产品经理的核心技能就是解决问题。在产品的整个工作流程中，包括产品定位、需求对接、需求评审、产品设计、组织协调、研发测试、上线运营、市场推广等阶段，产品经理会遇到各种各样的问题。产品经理的职责就是解决它们。

如果产品经理尚不具备完整的产品设计能力，也没有积累相关经验，就大谈体验、细节，无异于空中楼阁。所以，如果你想成为一名一流的产品经理，让业内人知道你注重细节和用户体验，让自己的产品获得用户的认可，就一定要学会综合考虑问题。

体验和细节对产品而言是锦上添花，而非雪中送炭。在做到真正意义上的为"细节"而设计之前，你首先需要明确产品经理的基本工作职责，并掌握基本的工作技能，透彻理解从需求挖掘到产品上线的过程，然后开始积累大量的案例并学会总结。此外，你还要学会严谨地分析问题，发现市场的空缺、竞品的差异，挖掘到有价值的切入点后，找到解决问题的方案。完成方案后，还要通过数据分析、用户反馈等方式来验证方案，并不断优化解决方案，这样才能充分利用团队资源实现产品目标，最终完成产品经理的使命——为用户做出好的产品。

1.2 掌握"软"技能

无论做什么工作，在扎实做好本职工作的基础上，对其他相关专业知识的了解和学习都是非常必要的。产品经理在一个团队中所扮演的角色常常比较复合，可谓是身兼数职，所以产品经理在完成自己的本职工作以外，还要有计划地学习、充电，全方位地提升自身的素养。经过数月数年的艰苦奋斗，最终可以掌握以下技能：能满足需求并完成产品设计；能够挖掘数据，善于观察竞品；有很强的逻辑分析能力及自我管理能力；可以运营，也能推广；当然，最好还能说点儿商业模式。

那么，产品经理需要什么样的软技能呢？

简而言之，产品经理随时都应该能回答这样一个问题——"我们应该如何使自己的观点有说服力？"

要想成为一流的产品经理，首先必须掌握以下 5 种软技能。

（1）学习新鲜事物的能力。这是产品经理必备的基本能力。产品经理必须要对自己负责的产品及相关行业，乃至整个互联网行业保持敏锐的嗅觉，要不断尝试各种新鲜应用，接受各种新的理论。所以要做好产品经理，学习能力尤为重要。产品经理必须不断学习，提升自我。

（2）超强的执行力。这是产品经理需具备的最关键的能力。产品经理需要建立完善的工作流程并做好事项管理。同时，需要聚焦所负责的产品线和产品模块，耐心、用心地锻炼自己的基本功，凡事都要亲力亲为。这样才能更了解用户，更熟悉公司的工作流程。

（3）统筹资源的能力。这里的资源包括项目资金、软硬件配套资源、人员。一款产品从 0 到 1，需要多部门的协作。因此，产品经理在面对用户、领导、同事的时候，要学会使用不同维度的沟通技巧统筹各部门资源，对于开发时间管控、项目质量把控、各个环节的沟通，也需要技巧和方式。另外，将内容、功能和美学融合起来，并产生最终的设计，也需要产品经理拥有较好的资源统筹能力。如何做好统筹规划，并学以致用，我们将在第 3 章重点讲解。

（4）逻辑分析能力。从需求到产品落地，产品经理会面对大大小小的问题，需要进行客观分析。产品经理切忌过度关注创意，而应该加强逻辑分析能力，注重实干。相关内容详见第 5 章。

（5）业务分析能力。包括战略目标分析、产品架构设计、信息架构设计、用户体验设计、用户调研分析、用户需求挖掘、项目管理等。产品经理一定要熟悉用户，理解市场及行业，对其需求和功能做出正确的判断。相关内容详见第 6 章。

1.3 学会"硬"本领

要想从产品专员、产品助理，逐步成长为一流的产品经理，除了要掌握 5 种软技能之外，还应具备 5 项实操技能。请永远记住，实践是检验真理的唯一标准。赶紧行动起来吧。

（1）前期调研。包括行业分析、市场调研、竞品分析、用户调研。通过前期调研，产品经理才能深入行业，理解业务流程、市场背景、公司的商业模式。

（2）项目跟进。包括对产品规划、运营需求、项目人员规划（如对开发、测试、运营、推广各环节人员的工作计划安排与实际进展应及时讨论与反馈）的把控。通过项目跟进，了解前后端技术、不同需求的技术实现难度，进而评估产品的技术开发成本。

（3）产品设计及实现。具体包括绘制流程图、信息架构图、结构图，设计原型，提交需求列表、功能列表、测试用例，跟踪用户反馈。这里的"产品设计"包含功能设计、交互设计、视觉设计。

（4）运营推广。具体包括活动组织、业务指标分析、数据分析。产品经理应当学会针对需求和目标策划活动，通过数据分析来监控活动效果并适当调整活动。

（5）项目迭代。根据需求进行项目迭代、迭代进度跟进和项目总结。迭代周期的长短取决于用户群需求。

好的产品经理需要有丰富的产品经验，熟练掌握产品经理必需的各项基本技能，以规划产品方向、把握商业运作、制订运营计划。产品经理要明确自己的不足之处，并努力提升自己。脚踏实地，一步一个脚印，做好本职工作。即使你现在还只是刚刚涉足产品经理职业的新人，但是只要按照本书的指导，模拟本书的案例去实践，积极参与并领导项目开展，一定能成为一名优秀的产品经理。

一流的产品经理通常拥有如下几点特质：

（1）能完美地平衡用户需求和公司战略，能站在全局的角度去看产品，了解市场、产品、生产线和竞争情况；

（2）敏锐地感知用户需求与市场变化，并总结产品功能，引导团队将重点放在收益和客户身上；

（3）拥有极强的主动学习能力，善于总结并乐于实践；

（4）掌握多种技能，在相关工作的各个环节中都经得起考验；

（5）能够协调各方面资源，调动团队积极性，高效率完成产品迭代。

切记，不能当一个"拍脑袋"的产品经理！

第 2 章 **找到问题，并解决它**

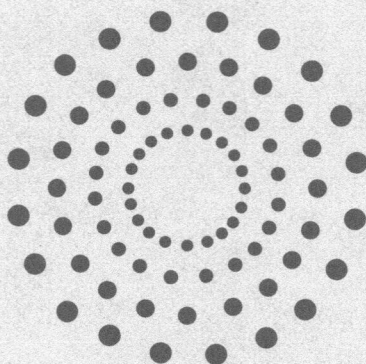

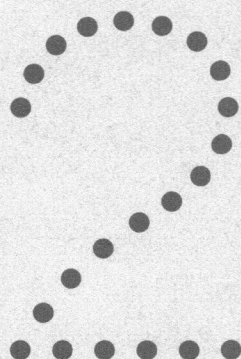

2.1 需求产生——问题从哪儿来

从本章开始，我们进入真实的工作状态。目的只有一个，就是助你快速掌握一些经得起考验的方法，迅速进入一流产品经理的状态。

首先我们来谈谈需求分析。需求分析是每一位产品经理都需要经历甚至攻克的难关。需求有大有小，如何去分辨并能准确地把握需求的要点，快速找到应对措施？这是产品经理成长之路的一大难点。

需求分析其实就是根据不同的需求，完成具体实施方案的落地，说白了就是想办法解决问题。问题就是需求，而产品最终就是用来解决问题的。

《掌握需求过程》一书中说道：

"需求是产品必须完成的事以及必须具备的品质，是在构建产品前需要发现的东西。"

换句话说，产品经理的工作核心就是挖掘需求，并设计出一个解决需求的产品（或功能），之后设法整合公司内外的各种资源，然后推进这个产品（或功能），从无到有，再到上线，并负责整个产品（或功能）在生命周期内的改进和优化。如果对于市场和行业不了解，建议先明确你的产品能帮助用户解决什么问题，进而准确定位产品，并锁定目标用户。

但是对于很多新手来说，不可能一开始就对需求有很好的感觉和把控能力，就更别提产品战略了，所以需要先学会分辨需求，知道问题从哪儿来，然后再根据需求找到解决方法。

问题点：需求从哪儿来呢？需求怎么产生的呢？

硅谷顶级产品管理专家 Marty Cagan 在《启示录：打造用户喜爱的产品》一书中说道：

"我建议产品经理关注日常生活里那些让大众烦恼不堪，又不得不应付的事情。如果产品经理能解决这些问题，一定能打造出成功的产品。"

一般需求分为商业需求、项目需求、市场需求、用户需求这 4 类。不同的需求因来源不同，对应分析方法也不同。不同的需求来源于不同的需求方。

（1）商业需求：源于市场分析、销售人员的策略、盈利预测综合分析的结果。

（2）项目需求：源于某个项目推进，或者市场战略目标分析出来的项目规划。

（3）市场需求：源于对市场分析后获得的有价值的需求。

（4）用户需求：源于用户的反馈、想法等。

一般来说，产品经理需要解决的需求来源于两种情况：一种是公司内部，另一种是公司外部。对公司来说，公司遇到的问题就是需求。一个产品的第一个需求基本上来自于公司内部。

根据具体场景和情况来定义需求来源，可以将需求分为以下 5 种。

（1）老板提出的需求。公司的愿景就是需求，老板或者领导通过对市场的长期接触和观察，会形成一些看法或者方向，这就是一个需求来源。

（2）用户直接反馈的需求。

（3）公司内部负责客服、运营、市场等工作的同事反馈的需求。

（4）产品经理通过数据分析、问卷调查得到的需求。

（5）产品经理主动策划产生的需求。

不管是从何种渠道，用何种方式获取的需求，都需要先记录下来，然后针对每一个需求做细致的分析。通过调研感知用户的需求，获得工作的方向，是产品人员成长的重要过程。当你熟悉用户并能对用户进行精准分析以后，在数据的验证和驱动下，很多需求将逐渐呈现。

当你做产品越久，迭代的版本越多，就会越深刻地理解这一点：正确的需求，不依赖所谓的创造，也不再来自调研，而是来自客观的数据分析及验证，我们需要透过现象看本质，对原始需求进行拆解，从原始需求中提炼出关键字，进而确定该原始需求所涉及的领域及其外延。

产品定位在需求分析的时候就能确定下来——通过对用户需求进行调研，找出其中的共性部分，将其总结为某种需求，并提炼出其核心问题。这个核心问题，就是用户最迫切要解决的问题。

有经验的产品经理，在某种层面上可以感知用户，并产生同理心。他们长时间和用户"泡"在一起，已经拥有较好的判断力和敏锐的嗅觉。在这种情况下，调研就会逐渐成为佐证感知的一种手段而非必经之路。至于如何通过数据挖掘需求，怎样做好数据驱动产品，我们将在第 7 章逐一讲解。

2.2　需求划分——需求如何划分

当问题产生的时候，我们应该如何界定问题的大小、难易程度，如何排列优先级并逐一处理呢？什么样的需求是需要产品经理去解决的？什么样的需求是产品功能的来源？一系列问题都需要我们用方法和经验，再加上对行业的洞察力去判断。

首先我们要知道，需求和功能是相辅相成的，产品经理需要根据规划的大方向，做好产品需求的匹配度。

产品经理在开发任何一款产品之前，必须思考这个产品的定位是什么？核心用户是谁？再根据产品的功能定位来划分需求。对核心用户的需求进行优先级排序，结合市场同类产品的分布状况确定产品的市场定位。

因为需求会跟着产品的使用情况不断发生变化。根据用户的核心诉求设计产品解决方案，明确用户价值点，将产品特性和功能聚焦于解决用户的痛点。比如微信的定位是移动社交，所以其最主要的需求点肯定是聊天，而当聊天功能深入人心，成为用户的使用习惯后，产品团队就会逐渐发现用户还有分享的需求，于是接着做了朋友圈。

那么，什么需求可以作为功能去开发？哪些需求的优先级高，需要在大版本或者小迭代中优先考虑？具体的划分原则是什么呢？

通常，我们需要通过两大原则来解决如上问题，这两大原则分别是：核心功能和投入产出比。

所谓核心功能就是必须要具备的功能。若不开发该功能会影响产品本身的发布，且作为产品定位中的关键因素，应该列为优先级最高的需求去认真对待。核心功能的实现要考虑产品的扩展性，譬如 V1.0 版本需要搭建的是核心框架，可以不精致但是要全面，整个产品体系的基础架构都要囊括进来，且模块与模块之间可以最大可能地拆开组合，降低组合的开发代价和开发周期，以保证投入产出比。

所谓"投入产出比"，就是完成某项核心功能的全部投入与本次需求完成所需时间、人力等成本的总和之比。

为了合理地划分需求，我们应该如何找到产品的核心功能呢？

第一，我们要明确产品定位是什么？产品定位的目的是解决目标用户及市场的问题，是找到公司战略与目标用户的共振点，要求产品既能满足公司发展需要，又能解决用户的痛点。相对而言，用户体验只是建立在正确产品定位的基础上，类似于锦上添花的元素。

明确产品定位之后，就会陆续发现各类需求。我们需要根据需求的不同来源，整理出需求列表，也就是通常所说的"需求池"。

第二，在已有的需求池范围内，根据当前版本的定位对需求进行筛选。在筛选需求之前，我们需要分清楚当前所面临的是一个上线新功能的版本，还是对已有功能进行优化的版本。因为这两种需求的定位侧重点不同，最终也会导致需求筛选中的优先级不同。如果需求属于新功能上线，我们就需要考虑交叉模块的逻辑，前后场景的更新，譬如注册、登录与个人中心、产品首页、产品引导说明等功能要衔接紧密。如果本次迭代涉及的功能与交叉模块之间的交互也需要优化和调整，那么对于交叉模块的同步更新也应该作为需求的重要部分，一并纳入开发时间规划中进行时间评估。反之，如果需求属于对已有功能模块的优化，在并不影响交叉模块的功能和交互的情况下，交叉模块的体验优化等需求点就可以适当降低优先级，放到后续版本迭代中处理。所有的方法最终都为实现一个目的，即保证核心功能能在较高的投入产出比的条件下，尽快完成并部署上线。

如表 2-1 所示，优先级"高"的需求，需要在本次迭代中尽快完成并按时上线，而优先级"中"的需求次之，优先级"低"的需求则可以视开发进度而灵活处理，甚至在不影响最终上线时间的情况下，可以酌情地增加或者删减。

表 2-1　某在线教育产品的某版本需求池

模块	功能	子功能	说明	优先级
首页	功能模块	职业课程入口	左右划屏，一屏 10 个 icon 及入口，内容与 PC 的职业课程同步，数量及排序都一致	高
			内容包括老师照片、姓名、专业方向	中
		产品介绍	描述及内容需要更新，由产品经理提供素材	低
		大家都在学	(1) 放置课程大纲页链接，且根据所有开班课程对应的大纲页，每周随机轮换战线；点击课程 icon 进入小课程介绍页；内容同 PC 首页的"职业学习路线"模块； (2) 点击"更多课程"进入课程库	高
小课程页	课程封面	小课程封面配图	与 PC 一致	
	课程简介	内容 + 相关推荐	(1) 内容包括老师头像、课程名称、老师姓名； (2) 相关推荐：更专业的职业课程，看过该课程的同学也在学； (3) 点击"查看视频课程"，进入视频播放页	低
	课程目录	课程 + 相关文章	(1) 目录与 PC 一致，显示完全； (2) 相关文章与 PC 一致，显示完全；上拉加载更多，加载完毕显示与 PC 一致	中
课程大纲				

　　只有知道需求从哪里来，并且能合理地搜集需求，才算完成了产品经理的第一份任务。接下来，我们将继续讲解产品经理应该如何分析需求、挖掘需求，从而找到解决问题的方法。

2.3　需求分析——如何解决问题

　　要想成为一名优秀的产品经理，必须先做好需求挖掘及分析。当你知道用户真正所需之后，才可能开发出一款好产品！产品能否成功，是否有市场需求，是由用户的需求决定的。用户体验很重要，但并不是所有的用户需求都值得我们去实现。一般来说，初级产品经理常常苦恼于如何判断需求是否值得实现；中级产品经理逐渐具备这种判断能力；高级产品经理则能够洞察更多的真实需求，然后找到重要的用户需求，将之转化为产品功能需求，并合理地安排迭代实现。产品的需求挖掘过程是一个不断迭代、不断更正的过程，任何一款优秀的产品都不是一蹴而就的，而是经历千百次精雕细琢后的产物。

需求挖掘

我们要明确一点：需求不是想出来的，而是经过对信息的挖掘采集后整理出来的。所谓挖掘就是通过正确的分析方法，找到需求背后的本质。需求挖掘的过程就是：逐步明确在什么场景下，用户通过什么产品做什么事情。

我们在需求挖掘的过程中有时会把一个产品的功能想得很全而大，但是随着开发和实现，我们往往会根据具体的情景删掉一些看似很有用的功能，以减轻开发的负担，缩短开发周期。这里我们需遵循"金发女孩效应"，即凡事都必须有度，而不能超越极限。一个产品的诞生会经历各种阶段和讨论，每种方案都会产生收益和损失，没有绝对的好与坏，我们需要选择能给用户带来最大收益或者损失最小的方案。在项目推进的过程中进行多轮评审会的目的就是希望产品经理在与各参与角色沟通需求的时候，能拿捏妥当，张弛有度。资源是稀缺的，无论是开发周期，还是从设计到开发的人力资源，产品经理都应该综合考虑。

挖掘需求的方法大致分为如下 3 类。

第一类：来自用户。方法包括用户访谈、可行性测试、问卷调查、用户反馈。目的是通过与用户的接触，深入观察、倾听、理解用户到底想要什么，挖掘用户内心深处所想的但是没能被表达出来的需求。除此之外，社交平台也是挖掘需求的一个重要渠道。产品经理可以通过微博、贴吧等平台去了解用户在这些地方所发表的看法和意见。

第二类：来自竞品。即将自己的产品与其他同类型的产品（直接、间接或潜在竞品）进行分析比较，并给出分析结果，用来了解现有竞品的相关信息，从而在产品的设计和研发过程中进行借鉴。

第三类：来自市场分析报告。产品经理应该时刻了解行业信息以及市场状况，能够从市场变化中发掘一些有用的信息。平时工作之余，应该多关注媒体信息、热点资讯，关注互联网相关的媒体网站，以提高产品敏锐度及判断力。

接下来，我们通过实际案例来说明如何挖掘到市场真实的需求。

案例 2-1：

有一天，某公司老板对公司产品经理说："我们要做一款用于家长与学校沟通的 App，目标用户为 3 ～ 12 岁孩子的家长。"

作为产品经理，当你收到这样的工作安排以后，第一步就要做需求挖掘。

在进行需求挖掘时，先要制定一个需求调研表。需求调研表的作用是辅助产品经理进行需求调研和用户分析。然后进行 2 ~ 3 轮竞品分析，通过竞品分析进一步明确需求的合理性，并找到产品的大致雏形。

需求调研表的内容及框架可以设计如下。

（1）明确调研目标：目前孩子家长在与学校沟通时存在什么问题。

（2）梳理调研维度：家长与学校沟通过程中，现有沟通工具、沟通内容有哪些。

（3）设计调研问题和选项：比如，如果您需要与老师沟通孩子的在校情况，首选什么沟通工具？ A. 微信　B.QQ　C. 电话

（4）调研表的内容结构：建议采用 7:3 的比例，即 70% 为客观题，30% 为主观题。调研表的内容应与调研目的相关，内容设置宜先易后难，同时主观题与客观题应该搭配出现。

（5）全面用户调研：围绕调研目的，设计调研问题，针对目标用户通过有技巧性的访谈或调查问卷，获取调研结果。

（6）结果统计与分析：根据调研结果，分类统计数据情况。根据数据统计做调研结果的最终分析及报告。表 2-2 是产品经理整理的一份实际需求调研结果。

表 2-2　需求调研表

采访对象坐标：南昌市城区
孩子学校情况：大孩子在公立小学，小孩子在幼儿园

1. 学生 1（小学 3 年级）：

家校沟通方式：	以 QQ、微信为主，不得已才用电话
沟通信息：	(1) 教学信息通知：老师将作业及学校通知全部发到 QQ 群，QQ 群中包含本班所有家长及班主任、任课老师； (2) 学生异常情况沟通：学生表现不好（学习成绩不好、作业未完成等），会电话通知家长； (3) 家长找老师：首选微信，微信没回复则打电话。
其他说明：	(1) QQ 群偶尔会有互动聊天，聊天内容不局限于有价值的信息； (2) 老师向家长们推荐过一些在线教育软件，明确记得名字的是"好家长"，使用过里面的英语课本、跟读之类的功能。本来家里有点读机，后来为了使用方便，还是下载了"好家长"，但觉得"好家长"的发音不太好，跟点读机有区别。 (3) 除在 QQ 群发送作业、学校通知外，老师基本不会主动联系家长沟通学生的学习情况；家长主动询问时，老师也都是说需要家长自己跟踪，老师没那么多时间给所有家长传达学生的详细情况；因此家长只能把孩子送补习班、托管班，或者自己陪着学。

2. 学生 2（幼儿园）：

家校沟通方式：	电话
沟通信息：	老师和家长基本没有沟通

2.3.1 用户调研

根据表 2-2，找到需求的共性点，并挖掘需求的核心，接下来就是用户调研。为了避免用户调研偏差较大的问题，对于全新的产品，调研前产品经理必须先形成自己的思路，然后通过调研去验证自己的想法的可行性。很多产品失败的主要原因之一在于未理解产品的价值。

用户调研的目的就是了解用户。调研的过程会让产品经理更好地了解用户群体的特征，从而更好地满足用户的需求。需求不是想出来的，而是经过对信息的采集、挖掘后整理出来的，所以产品经理需要用科学的手段来进行管理和决策。对用户调研的结果能为产品未来的推广和设计方向提供有效借鉴，可以帮助产品经理避免一些问题。在产品设计之前，切记要清楚地定义好谁是核心目标用户，核心目标用户的痛点是什么，如何帮助他们。在拿到切实证据证明人们需要你的产品之前，不要急着围绕价值主张设计用户体验，因为用户调研就是要确定自己的价值主张是否正确。对用户的需求不能掉以轻心，因为产品的最终用户才是产品生存的依靠，所以一定要认真对待用户的调研，并通过用户调研进一步深入了解你的用户群体——他们到底需要什么，问题是什么。对用户调研的结果一定是客观分析的结果，而非想当然。

接下来，我们通过 4 种常见的方法，分别来说明如何做好用户调研，如图 2-1 所示。

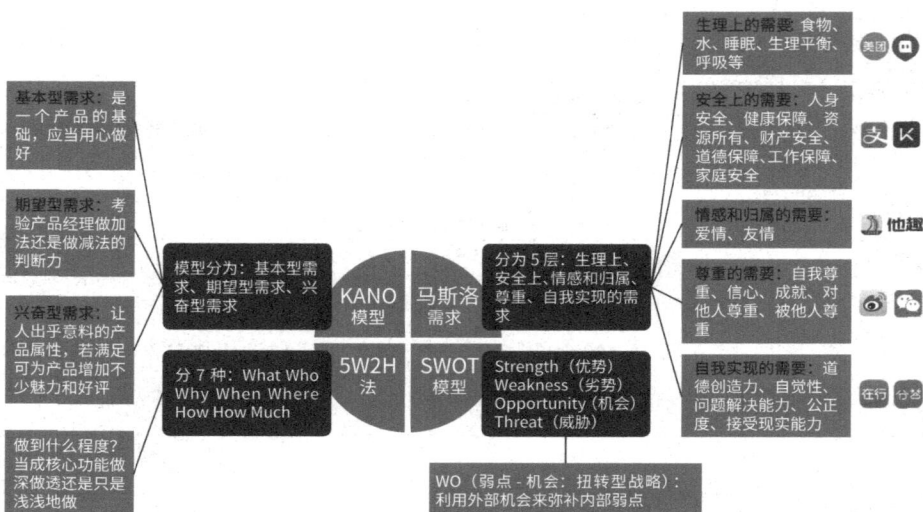

图 2-1 用户调研的方法

（1）KANO 模型：用于客户需求分类和绩效指标分类的模型，它定义了 3 个层次的顾客需求：基本型需求、期望型需求和兴奋型需求。基本型需求是顾客认为产品必须有的属性或功能。期望型需求要求提供的产品或服务比较优秀，但并不是必须有的产品属性或服务行为。有些期望型需求连顾客都不太清楚，但的确是他们希望得到的。兴奋型需求要求提供给顾客一些完全出乎意料的产品属性或服务行为，使顾客产生惊喜。

（2）5W2H 法：用 5 个以 W 开头和两个以 H 开头的英语单词进行设问，发现解决问题的线索，寻找思路，进行设计构思，从而开发出新的产品项目。

（3）马斯洛需求：马斯洛理论把需求分成生理需求、安全需求、情感和归属需求、尊重需求和自我实现需求这 5 类，依次由较低层次到较高层次排列。

（4）SWOT 模型：SWOT 模型用于分析企业优势（Strengths）、劣势（Weaknesses）、机会（Opportunities）和威胁（Threats）。因此，SWOT 模型实际上是对企业内外部条件进行综合和概括，进而分析组织的优劣势、面临的机会和威胁。

除了以上 4 种常见的用户调研方法以外，笔者特别推荐"从场景出发"这种非常实用的调研方式。"从场景出发"就是将自己变为真实用户，站在用户的角度去体验。现在很多产品经理或者产品体验设计师会使用用户体验地图的方式深入洞悉目标项目，得到诸多有助于设计的结果、策略、见解，最终让用户借助一些启发式的方法，描述自身的使用经历，从而参与产品设计和服务设计。从场景出发给用户提供的服务或触达常常更有效，因而更受用户青睐。

案例 2-2：微信红包

以微信红包为例。这个案例的场景是"过年"，那么过年我们要做什么呢？很多人第一时间想到的是收、发红包。在传统的场景下，我们会通过红包袋发出很多红包给老人、小孩。微信是一个基于朋友的社交圈，当我们习惯使用微信与朋友进行分享和沟通以后，通过它完成发红包的行为也水到渠成，同时通过一个账号绑定一张银行卡，进而以银行卡为中心，衍生生活所需的消费点，增加更多可能的生活场景。这样的产品功能就符合用户的使用场景，存在非常强的黏性和需求。

要做好用户调研，除了常规的调研表以外，最关键的是用户调研，通过分不同的角色去佐证产品的存在价值，从而挖掘核心需求，发现更准确的用户场景。

只有结合场景来设计功能，才不会让产品及功能脱离用户而存在。

2.3.2 竞品分析

通过用户调研完成对用户的基本分析，接着需要了解产品外部的世界。了解产品外部世界的经典方法，就是广泛意义上的竞品分析。那么什么是互联网行业的竞品分析，竞品分析的作用是什么？

竞品分析是指一款产品（包括实物、虚拟物品、服务等）在概念阶段、研发制造阶段、营销阶段、维护升级阶段前后，对同类型竞争对手的产品，所做出的具有针对性（特定范围）的客观和主观分析。

为什么要做竞品分析呢？其原因有两个。

（1）知己知彼，百战不殆：对竞品的深入了解可以帮助产品经理深入了解竞争对手。

（2）学习优点，化为己用：从竞品中学习到好的方面，作为自己的竞争优势。

善于对竞品进行分析，快速构建新产品的框架，是产品经理的一大重要技能。

产品经理应该知道如何选择竞品、分析竞品，并快速从竞品中吸取到精华，构建自己产品的框架。通常来说，竞品分析可以分为两大步来完成。

第一步，选定 3 ~ 5 款相关竞品，并确认其中一款为主要分析对象。通过竞品，我们需要思考自己的产品的定位是什么？产品的目标用户是谁？明确产品定位及用户对象。

第二步，对竞品进行拆分，先拆分框架结构，再拆分功能模块，最后拆分页面布局；逐层深入，找出其共同之处，删除不合适的地方，最终初步构建自己产品的最小单元，也就是我们常说的 MVP（最小化可行性产品）。

案例 2-3：家具消费

如果要进军家具消费领域，做一个类似好住 App 的互联网家装产品，需要产品经理做一份家具消费领域的竞品分析报告，着重分析家具消费领域中传统模式与互联网模式的差别，并提供总结性的结论，从而进一步明确产品定位，并使用户群体具象化。

如果你是产品经理，准备如何做呢？你不妨花 10 分钟时间，根据前文讲述的方法，自己罗列一些分析方向，试着分析一下吧。

从需求来看，老板最希望看到的是家具消费领域中传统模式与互联网模式之间的差异点，并且希望看到现有家具消费产品中，优质竞品的特点及其值得学习的地方，以及存在的共性问题，希望产品经理找到更好的解决方案。

首先，我们通过市场调研、数据分析、各大论坛用户群（如知乎、大众点评等的评论），找到家具消费行业现在存在的问题。

（1）缺乏滋养设计师才华的沃土：目前同类竞品多以平台利益为主，创新设计为辅。平台提供的产品形态有限，导致无法完全满足所有用户的需求。

（2）过分注重质量，导致创新度不够：目前家装市场更看重施工，一些看似简单的想法，设计师却表示难以实现。

（3）施工过程中，角色不分明，分工不明确：比如施工过程中的问题到底是设计师的问题还是施工方的责任？缺乏真正的项目管理，导致需要提前购买和协调的第三方产品资源无人提醒。

（4）质量管控欠缺，设计还原度不高：施工进度不能及时反馈，导致装修情况无法衡量能否还原设计需求。

（5）软装产品供应链不成熟，购买产品费劲：目前家具供应商鱼龙混杂，如何关联性价比高的产品，方便用户购买，是一个难题。

其次，在完成对市场情况和现状的分析之后，再看互联网模式的切入问题是否已经解决，或者是否已有方法缓解前文提及的问题。大致可以从以下两个方向来分析。

（1）传统模式与互联网模式之间的区别是什么，列举各自的优劣。

如图 2-2 所示，传统模式有 4 层关系链条，从厂家到大区总代理，再到分销商，最终到达消费者。存在的问题包括供应链太长、成本高、厂商与经销商需要博弈，从而导致产品层层加价，最终终端用户看到的产品价格虚高。而借由互联网模式，分销商与消费者可以直接"对话"，或者厂家与消费者直接"对话"。这样去中心化的方式打破了信息不对称的瓶颈，同时辅以会员制度，形成低价且高频的消费。

（2）互联网模式下，成功的产品形态可被借鉴的地方有哪些？

可以从商业模式、产品定位、交互体验、特色功能等几个方面来挖掘亮点，然后总结成关键点，配上截图展示在报告中。我们以宜家家居为例：

产品定位：一个卖家居产品标准的公司。

核心优势：控制供应链的所有环节，使每个环节都降低成本。

传统模式

互联网模式

传统模式图：
- 厂家（1）
- 大区总代理（2）
- 分销商（3）
- 消费者（4）
- 供应链太长
- 成本高
- 厂商与经销商的博弈
- 层层加价，终端价格高

互联网模式图：
- 分销商 ← O2O → 消费者
- ＋
- 厂家 ← 去中心化 → 消费者
- 打破信息不对称
- ＋
- 会员制模式

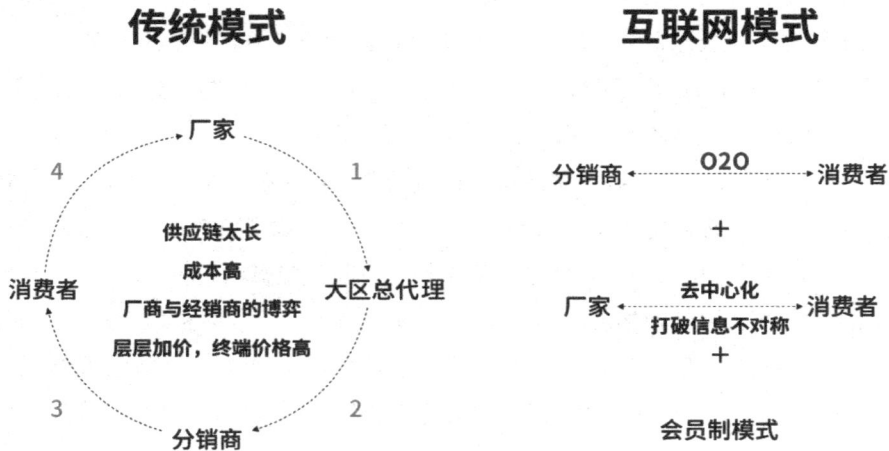

图 2-2　家装领域传统模式 VS 互联网模式

产品特色：宜家商场给顾客呈现的每一个产品及其空间搭配，都是经过详细的数据分析、本地化的调查研究，给合资深的团队经验，最终展现给顾客。

机遇与挑战：在低价的基础上如何做到美观、实用、高质，甚至可持续发展？

特色功能：比较传统模式与宜家模式，得出二者的区别，如图 2-3 所示：

常规模式	宜家模式
市区建立门店	郊区建立超大商场
提供单一风格	提供多种风格
有限的家具品类	齐全的家具品类
提供私人定制	自行选配
中高端定位策略	低价定位策略
提供成品家具	提供可组装家具
售卖供应商产品	售卖自主设计产品
主攻年长、成熟群体	主攻年轻与有儿童家庭
原产地生产	全球采购
利用广告开拓市场	免费发放家具图册
提供家具单体	提供家具解决方案
代客取货送货	完全自助商场与仓库

图 2-3　宜家家居模式与常规模式对比

再次，汇总上述分析，并找到对自己有启发的关键点：

（1）品牌转型新零售是行业未来的发展方向；

（2）家具定制会成为未来家具消费的趋势，有 42% 的消费者认为定制家具能更加充分合理地利用家具空间；

（3）基于大数据的消费需求分析，无疑为家具企业的研发设计、渠道市场、品牌战略等经营管理决策提供了精准指导；

（4）环保话题备受关注，低甲醛家具大有市场；

（5）人们生活水平不断提高，高端家具受瞩目；

（6）建材、家具、家饰等产品标准化、产业化程度低。

最后，汇总所有的分析和内容，以发现问题、分析问题、解决问题的思路，将所有资料串联起来，形成一份完整的竞品分析报告。

当产品经理做完需求分析、用户调研、竞品分析后，产品的用户价值和功能点基本就有了眉目。在完成需求列表和用户调研表之后，形成初步的产品定位，接下来就可以围绕产品定位及 MVP（minimum viable product，最小化可行产品），撰写产品规划了。

2.3.3 搞定 RoadMap

一个公司，一个团队，一个项目在不同阶段都会有不同的产品规划。产品规划中最核心的就是"RoadMap（通常译为路线图或蓝图，是产品经理进行产品管理的一个中长期规划）"。"RoadMap"指导整个产品的长期规划，指引众人共同努力的方向，也是产品经理管理需求的重要参考依据。

通常情况下，大型公司会拟定未来一年的工作计划及安排，中型公司至少也会给出半年或者一个季度的安排，创业公司由于对市场验证及探索的周期较短，往往只能预估未来 1 个月的工作计划。适当的产品迭代周期，可以使用户感觉到产品依然是活跃的、处于发展的。

无论是创业公司还是大型企业，拥有一套年度计划是非常重要和关键的。"RoadMap"就如同一个纲领，带着队伍有目标地前行，也代表着整个公司的业务走向、产品定位和战略目标。对于产品经理而言，正确把控公司战略，全面解读公司规划，做好火车头的工作是非常重要的。

图 2-4 所示是一款教育产品的某阶段定位；图 2-5 所示是一款母婴产品的某

阶段定位。对于产品定位和战略规划，表达方式可能不同，但这是一个团队某阶段共同努力的方向。

图 2-4　某在线教育产品定位图

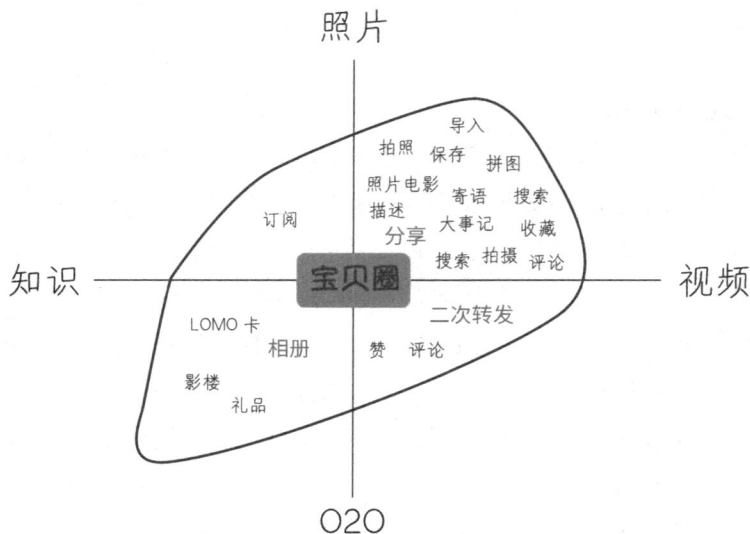

给妈妈爸爸最安全的影像体验，让有宝宝的亲友共享宝贝成长趣事

图 2-5　某母婴类 App 产品定位图

根据战略目标，产品经理需要进一步给出 RoadMap，即产品功能规划，包括新功能增加和旧功能迭代。产品功能规划需要比战略目标更细腻，因为战略

目标有时较粗略，可能仅仅是一个想法，或者部门领导人在某个领域的一个观点。作为产品经理，需要去市场验证这些既有信息，使之更接近市场需求，并给出能实现、能落地的实际需求点，让研发、设计、运营团队等参与者初步了解企业未来一段时间的目标和方向。

产品经理制订产品功能规划的大原则是每个需求对应的目标和工作量都要可量化。至于具体要如何实现，还应结合公司自身的情况，以及人际关系，要利用有限的资源完成产品规划。

图 2-6 是某在线教育平台 2016 年上半年的产品规划，该规划包括多条合作线。我们可以通过案例知道，适当的产品迭代周期，可以使用户感觉到产品在不断更新，会比长时间产品没有动静要好得多。合理地把控好迭代的步骤，根据产品的长期规划，反推小的版本迭代及功能上线，才是一种比较健康的产品推进方式。

2016 年上半年产品规划——RoadMap

加速完善基础功能，明确产品核心竞争点，提高付费转化率，逐步实现创新与探索

完善阶段
数据统计、网站优化

运营投放落地页梳理及规划

2月 网站功能优化及完善

xx 圈定位优化（阅读社区）

巩固阶段
xxx、运营系统

运营数据梳理及完善

3月 运营管理系统搭建（订单系统）

xxx 教学系统优化

成长阶段
xx 圈及其他

网站首页细化

4月 xx 圈改版

就业系统 V1.0

微信公众号重构

2 月底
拟定 xxx 优化计划
重新梳理 XX 的产品定位

3 月中旬
教务系统新版本迭代
查看、筛选等基本功能优化

3 月下旬
xx 圈
根据产品定位、完善产品功能

4 月下旬
院校专区
完善产品细节体验

图 2-6 某在线教育平台产品规划图

产品的迭代速度不是越快越好，还要考虑产品的类型。产品在不同的生命周期（如引入期、成长期、成熟期），其迭代速度是不一样的。一般来说，产品处于引入期时，很多功能需要多次打磨，反复锤炼才能上线，所以迭代速度比较缓慢，迭代周期通常为 2 ~ 3 个月；产品处于成长期时，迭代周期要频繁些，比如 3 周一次；产品处于成熟期和衰退期时，产品迭代速度也会适当放缓，比如 1 个月更新一次。在迭代过程中，虽说有 3 类周期划分作为依据，但也并不是一成不变，如果在一个版本中还有需求没有做完，可以通过需求变更来进行调整，从而实现迭代周期内的版本上线。

新人真正进入产品设计之前，都会花很长的时间去解决这样一个问题：我们应该制订一个怎样的产品功能规划使想法落地？

我们永远要记住一点：需求和功能是相辅相成、不断成长的，我们随时随地都应该基于目标、问题去思考。因此，产品长期的发展迭代路线、分支功能的延伸、用户吸收策略、用户留存提升、活跃度提升、盈利模式等，都应提前准备和规划。

2.4 小结

本章我们讨论了需求来源、需求划分、需求挖掘这 3 部分，从基本概念到实际案例，充分说明了需求分析的重要性，并明确了产品经理在需求分析工作中需要着重思考和注意的关键点。产品经理的核心工作就是：找到问题，解决问题，服务好用户。方法可以多变，觉悟必须统一！既然选择了产品经理这个职业，就应该具备随时解决各种问题的能力。在不一样的环境中，会面临不一样的困难，但产品经理要想办法予以解决，同时找到对用户有用的解决方案。由于内部环境及产品自身的改变，以及竞争对手的调整等原因，不同产品会采用不同的策略，所以并没有一种策略能完全适用于每一个产品。

第 3 章

成长，从现在开始

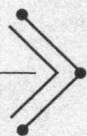

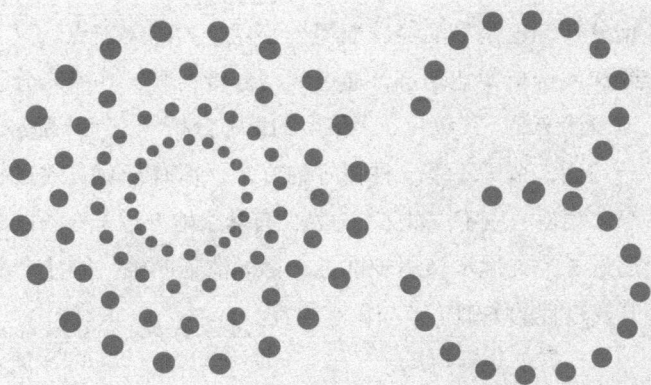

3.1　掌握一套高效的流程

高效、专业，是很多互联网公司衡量一个产品经理是否优秀的重要维度。对于一款产品的设计而言，产品经理应该具备全面、更综合的能力与素质，才能最大程度地达成目标。善用交互、懂用户、理解数据……是普通产品经理向一流产品经理发展的必经途径。

除了需求分析、用户调研以外，产品设计、优化交互体验、行业分析、数据分析等也是产品经理取得核心竞争力的突破点。只有具备多方面的知识，同时深入透析行业动态，通过数据分析利弊，并能充分了解设计思路，方能更好地设计产品。系统化、多维度的思考分析能力是产品经理应该具备的高阶能力。一句话，蛮干不是一种良好的方式，拥有一套有效且敏捷的产品流程，工作起来才会得心应手。如何有方法、有套路地推进工作？图 3-1 所示的产品设计流程，通过 5 个关键步骤逐步推进，目标清晰明确，能让产品经理快速掌握从需求到开发过程的关键环节与重点内容。

1. 需求分析

需求分析需要解决两方面的问题，即市场背景和用户需求。为了解决这两个关键问题，我们通常要发散出如下的问题列表。

（1）产品要解决什么问题？

（2）为什么要解决这个问题？

（3）怎么样解决这个问题？

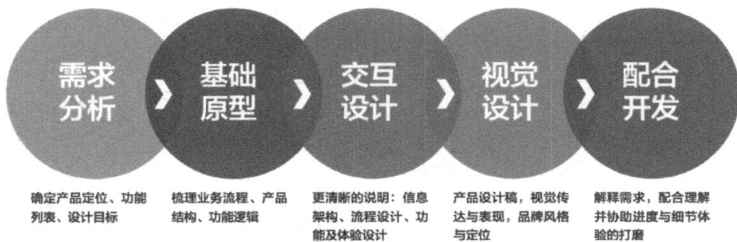

图 3-1　产品设计流程

需求分析的目标：围绕产品定位，根据产品的核心价值，为需求做减法。一般分 3 步做需求分析：获取需求——用户画像——分析整合。

其中，用户画像就是以用户为核心，为用户贴上标签，便于理解且方便机器处理，同时能提升产品分析的精准性，提供一种模拟的人物形象，以更加具象地进行讨论和分析。用户画像的作用在产品初期表现为通过对用户多方面信息的调研和了解，将多种信息分类聚合，形成几个有典型特征和气质的虚拟用户。用户画像的主要作用是辅助产品设计，评价需求是否有价值，避免让产品偏离核心用户的需求。基于对业务需求的深刻理解，结合数据分析，最终得到准确的用户需求和产品定位。

接下来，我们通过一个案例来说明如何做需求分析。比如，用户的需求是想要买书，深入挖掘后会发现，其实用户想买到便宜的好书；再进一步分析会发现，原来用户在看书的同时还能认识到新的朋友……

由此可见，需求分析的精髓，在于用心聆听用户需求，深度剖析用户的需求要点，抽丝剥茧，层层深入，最终找准用户痛点，并让产品具备丰富的情感。

2. 基础原型

基础原型包括思维导图、产品结构图。

思维导图的作用是方便产品经理时刻回顾工作。在基础原型的制作环节，产品经理应尽可能列出要做的产品的所有功能；将所有功能一一列在纸上，并确定产品的必要核心功能，然后围绕每个核心功能，将属于它的子功能、模块进行归类，子功能可有多个层级。同时可以标出每个独立的页面，并在每个功能节点上，补充必要的信息元素。最后使用思维导图（或其他工具）将上述内容整理成图形。思维导图主要辅助产品经理整理思路。

产品结构图是一种将产品原型以结构化的方式予以展现的图表，结构内容也如同产品原型一样，从频道到页面，再细化至页面功能模块和元素。

接下来，我们通过案例3-1来具体说明应如何制作思维导图及产品结构图。

案例3-1：

比如我们准备做一个产品。首先，我们需要明确该产品的主要组成部分。如图3-2所示，主要部分以树节点的方式展示，归属于某一部分的内容用分支节点展示，对于交叉部分可以通过"连线+注释"的方式批注。通过思维导图进行逐步构建，构建的原则和树形结构图的构建思路差不多。即将关键节点作为一级目录，然后围绕关键节点发散二级目录、三级目录，层层递进，完善整个思维导图的内容。构建思维导图的过程也是产品经理梳理产品框架和问题脉络的过程。

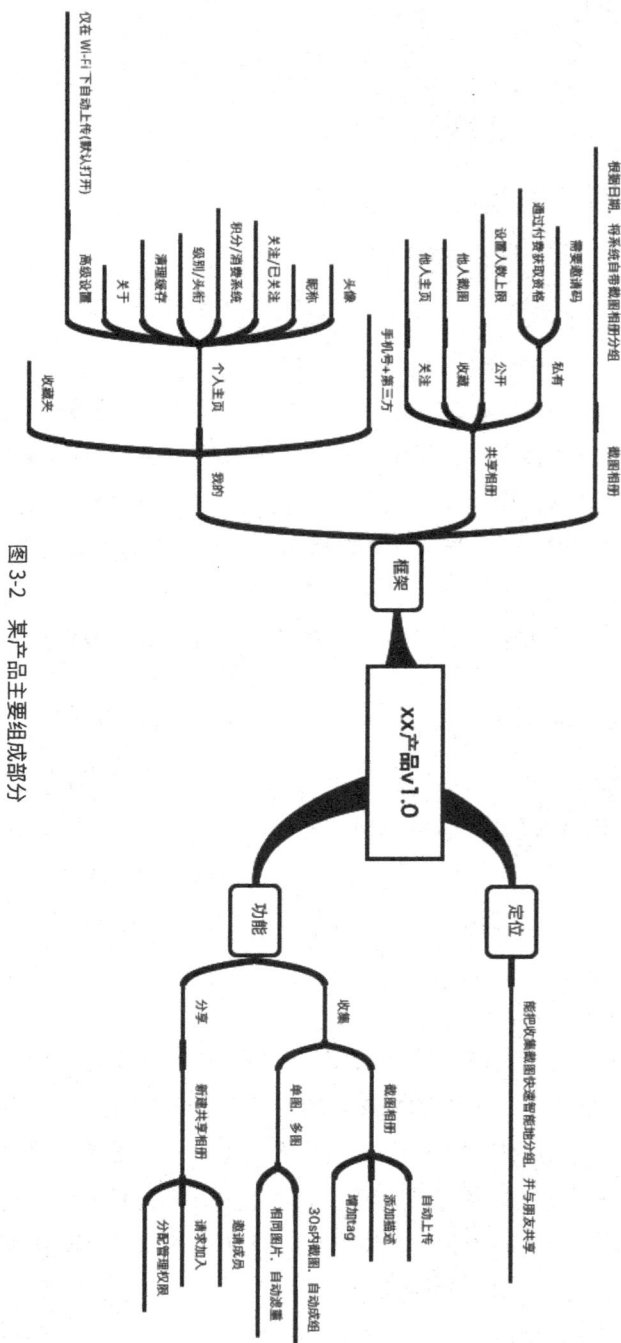

图3-2 某产品主要组成部分

产品结构图也可以采用如图 3-3 所示的鸟瞰式的结构，这是产品经理在设计原型前的一种思路梳理方式，可以让产品经理对产品结构一目了然，也便于思考、补充、完善或者精简产品功能。在构建产品结构图的过程中，我们需要思考这些问题：产品结构是否清晰、扁平？是否有具体、完善的功能流程？结构不清晰就要调整至清晰，甚至退回到需求层重新审视产品结构。若流程不符合逻辑，也需要通过思维导图的辅助对其进行完善，不能根据错误的结论继续推进项目。

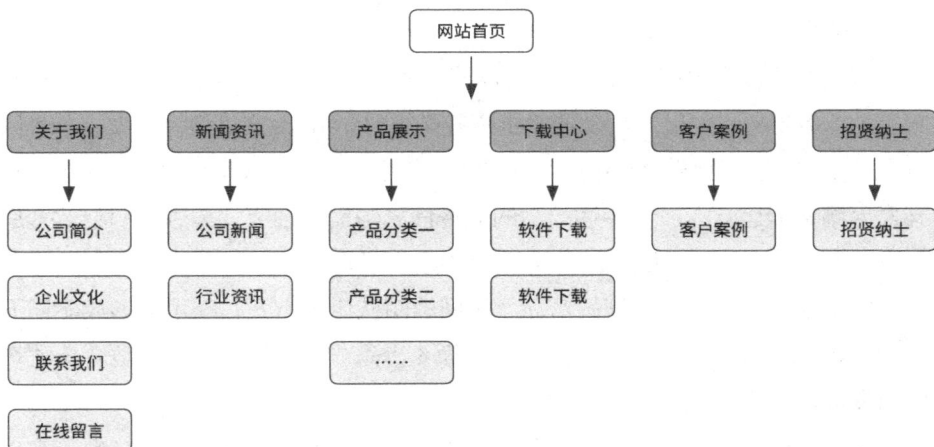

```
                          ┌──────────┐
                          │  网站首页  │
                          └────┬─────┘
                               ↓
┌────────┐  ┌────────┐  ┌────────┐  ┌────────┐  ┌────────┐  ┌────────┐
│ 关于我们 │  │ 新闻资讯 │  │ 产品展示 │  │ 下载中心 │  │ 客户案例 │  │ 招贤纳士 │
└───┬────┘  └───┬────┘  └───┬────┘  └───┬────┘  └───┬────┘  └───┬────┘
    ↓           ↓           ↓           ↓           ↓           ↓
┌────────┐  ┌────────┐  ┌────────┐  ┌────────┐  ┌────────┐  ┌────────┐
│ 公司简介 │  │ 公司新闻 │  │ 产品分类一│  │ 软件下载 │  │ 客户案例 │  │ 招贤纳士 │
└────────┘  └────────┘  └────────┘  └────────┘  └────────┘  └────────┘
┌────────┐  ┌────────┐  ┌────────┐  ┌────────┐
│ 企业文化 │  │ 行业资讯 │  │ 产品分类二│  │ 软件下载 │
└────────┘  └────────┘  └────────┘  └────────┘
┌────────┐              ┌────────┐
│ 联系我们 │              │  ……    │
└────────┘              └────────┘
┌────────┐
│ 在线留言 │
└────────┘
```

图 3-3　层次结构图

3. 交互设计

这里的交互设计包括原型设计与交互体验优化。

所谓原型设计，就是通过原型软件，将构思中的产品功能通过软件画出来，原型设计是否合格，其衡量标准一般是：产品经理借助本原型设计与所有人（包括自己）沟通该产品的信息时无大的问题，或者说无需求确认的问题，那么，即可认为此时的原型设计是成功的。

完成基本的原型设计之后，随着产品经理的经验逐渐丰富，会对原型设计图做更深入的交互体验优化，这是一个初级产品经理成长为高级产品经理的必经之路。要获得好的交互体验，获得用户的喜爱，需要产品经理长时间积累广泛的产品案例，形成具有前瞻性的产品体验敏锐度。

4. 视觉设计

完成交互设计后，就需要视觉设计师从视觉层面表达出产品。视觉呈现是一个综合性呈现，其执行效果不仅和设计相关，还需开发和运营等人员的配合，视觉设计是否优秀，很大程度上基于交互设计的合适程度，好的界面设计能够引导用户至期待行为，因为用户对不熟悉的产品往往会因为用户界面而被吸引，然后在使用过程中进一步发现其中的价值，所以视觉设计是最直接面对用户的设计，同时又是需要很好的基础才能展现出其价值的一个环节。

5. 配合开发

有交互设计及说明的原型稿，相当于一份 PRD，即产品需求文档，旨在对项目的业务架构、产品流程、功能需求进行详细的介绍，为产品后续的需求、设计、开发、测试、上线提供准确的指导和依据；用于向项目组成员（包括项目经理，开发、测试、运营人员）传达产品的业务信息与需求细节，需进行归档，为后续需求迭代与变更提供依据，实现项目的规范化管理。

由于不同的公司、不同的产品、不同的团队协作方式，都可能形成不同形式的 PRD，从敏捷的角度出发，通过上面 4 步完成的设计文档，最适合快速迭代出具备好设计的产品。

在整个产品的设计过程中，会经历比较漫长的磨合阶段，产品经理从需求挖掘、产品设计到功能上线，通常会面临很多需要修改的情况，对于自己团队的具体情况，产品经理应该了如指掌，并合理安排切分功能。

综上所述，任何一款产品都需要经历认识、临摹、创造这 3 个重要过程。这 3 个过程都离不开打磨。所谓打磨的过程就是定义需求、排序需求、调整需求，循环往复，直到用户满意甚至依赖，你的产品才有可能真的被用户、市场认可。图 3-4 所示是螺旋式迭代的需求管理法，可供参考。

之所以提出"螺旋式迭代"这个概念，其根本原因在于产品经理的工作就是在各种问题中淘金，并找到解决问题的方法，然后把解决方案提交给用户，这些看起来烦琐的事情，就是产品经理的日常工作，虽说接地气，但是要做好很难。因为任何需求，其挖掘和分析的过程，都需要综合考虑各方面因素，然后在最合理的条件下给出最合适的答案。

路漫漫其修远兮，吾将上下而求索。初级产品经理与高级产品经理的区别就在于能否快速地判断需求合理性及产品正确性。

螺旋式迭代

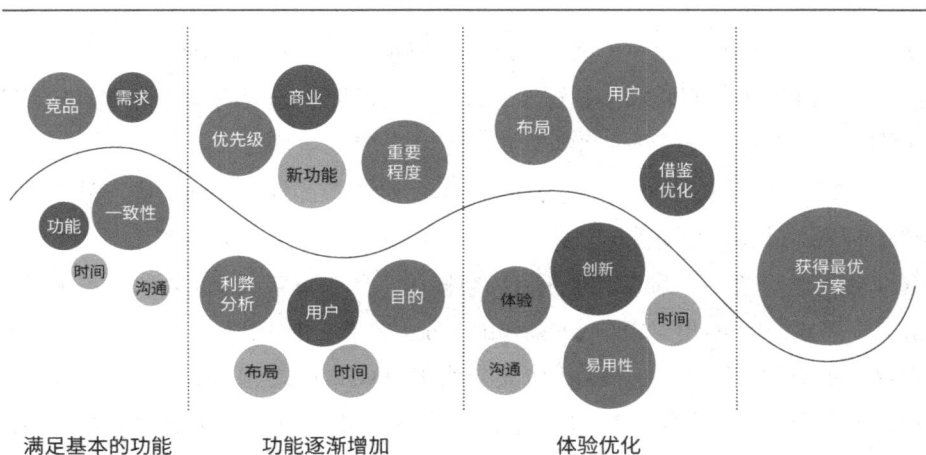

图 3-4　螺旋式迭代的需求管理法

3.2　开好一场评审会

提纲挈领地说明了产品经理日常工作的关键环节以后，我们接着说说那些贯穿项目流程的评审会。开会就是讨论，讨论才能快速地把不同角色的不同想法统一化，然后一起解决问题。贯穿项目流程主要有 5 大评审会，如图 3-5 所示。接下来，我们通过还原一次产品从启动到结束的流程，来具体说明如何开好这些评审会。

这 5 大评审会分别是：项目启动会、产品需求讨论会、产品组内需求评审会、项目组评审会、项目开发周期评估会。

图 3-5　贯穿项目流程的 5 大评审会

（1）项目启动会：需求方以邮件形式告知产品部，邮件必须包括具体需求描述及说明。产品经理根据需求方的描述，填写《项目立项申请报告》，

通过公司流程申请项目立项（《项目立项申请报告》可以根据项目不同，灵活使用）。

项目一旦确定立项，由产品经理于每日早上上班时间，召集项目干系人完成"站例会"（时间建议不超过 5 分钟，会上说明前一天的工作情况、当天的工作计划，以及可能遇到的问题等）。

（2）产品需求讨论会：确定需求内容，会上产品经理必须明确产品设计完成时间并通过会议纪要告知与会人员。会后完成《×××v1.0需求说明书》并以邮件形式发给项目干系人。有任何内容修改，务必更新《×××v1.0需求说明书》。需求说明书的形式已从大篇幅的 Word 文档形式（适用于偏业务、系统的项目，或用于与第三方签订协议），逐步优化为 Wiki 形式（适用于项目管理严格、规模较大的公司和项目）或者直接使用产品原型图配以说明（适用范围最灵活，尤其适用于偏互联网/用户体验类产品）。

在需求讨论会上，通常产品经理会结合产品功能和业务流程予以说明，更全面方便地让与会人快速了解产品定位及功能规划。使用的图表形式大致分为如下 4 类：

- 页面结构（侧边栏、结构图、思维导图）；
- 业务流程（如泳道图等），如图 3-6 所示；

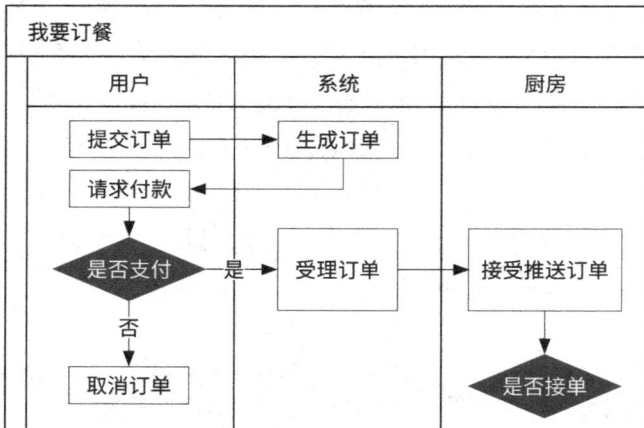

图 3-6　某订餐系统业务流程说明

- 页面流程（即原型图）；
- 操作流程即用户对产品功能的操作过程，这个流程是为了完成某个任务，比如成功注册、登录或者支付，如图 3-7 所示。

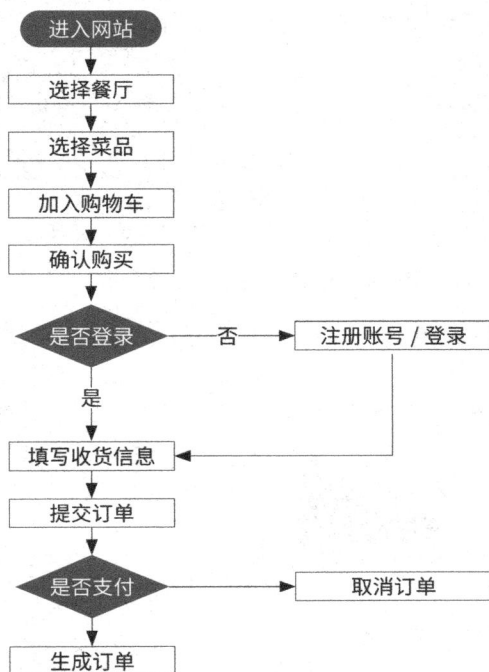

图 3-7　某订餐系统操作流程说明

（3）产品组内需求评审会：可以安排 1 ~ 3 次，由主持会议的产品经理主动邀请产品组内同事参与，邀请邮件写明时间、地点，提前报备讨论的内容概要。在产品组内评审过程中，评审重点主要是产品交互及功能的细节。

如图 3-8 所示，根据最左边的初稿"新闻动态"，我们能看到几个比较大的问题：

• 信息层级很乱，主体信息不清晰；

• 对齐及留白不规范，内容关联性有二义性；

• 关键元素未通过合理的组织和整理，达到突出的效果。

根据初稿的修改意见，产品经理进行了第二版本的修改，见图 3-8 右图。产品经理首先修改了画布的比例，并将信息层级整理得更加合理，同时给足留白，让整个页面有足够的呼吸感。但是对于比较小的交互体验，比如评论、点赞的 icon（图标），在经验不足的情况下，可借助工具，如放入手机再看原型图，会

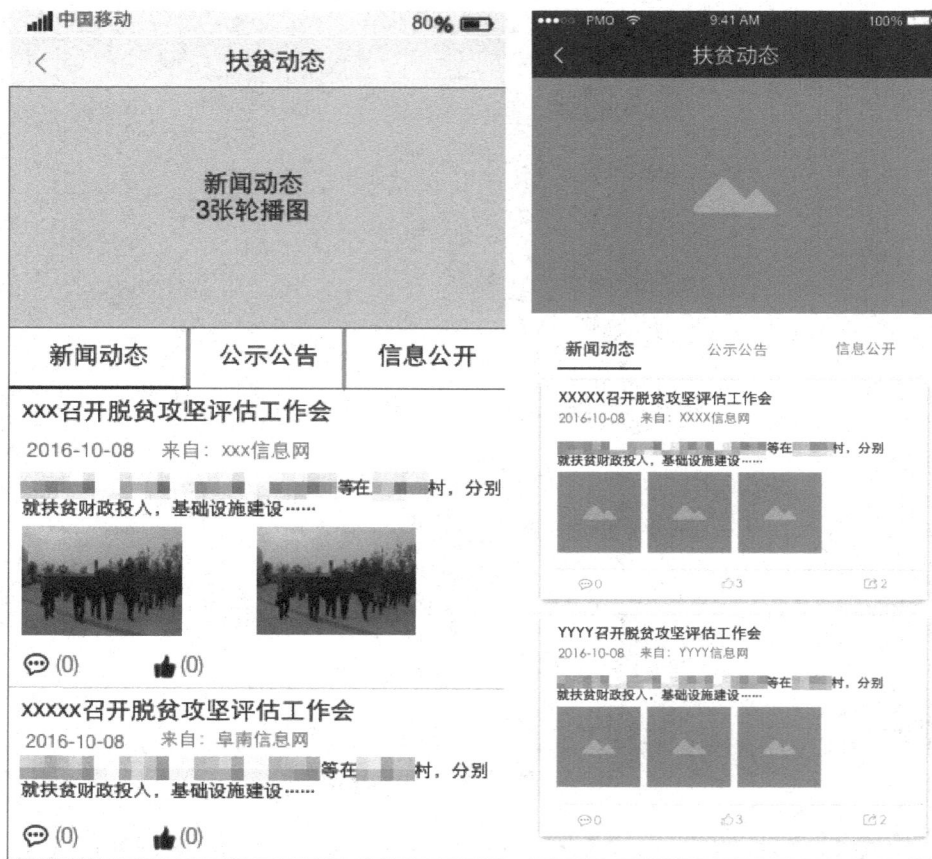

图 3-8　案例配图

有更加直接的体验感。

　　根据上手体验，进一步做了第二版的优化。排版时，各种元素的间距需要根据实际情况来调整，内容多的时候可以适当收紧，内容少的时候可以适当宽松。间距大小需要兼顾到基本的可读性，分太开和离太近都会影响阅读体验。第二次交互优化主要完善了如下内容：

- 模块之间通过留白，完成视觉的分割及信息层级的区分；
- 内容区域左对齐布局，提高了设计的整体性；
- 视觉或者内容降级，弱化非关键性内容。

　　（4）项目组评审讨论会：确定产品设计方案及修改细节，务必安排相关研发人员、需求方参与。会前产品经理一定要提前完成 FeatureList（产品功能表）

的填写。会上根据 FeatureList 的讨论，进一步明确产品经理需完成交付物的时间点（包括产品交互、用户界面设计）。

召开项目评审讨论会之前，需要把需求说明文档、原型图交付给项目干系人，请其会前了解，带着问题进行会议讨论。需求说明文档要求产品经理对功能模块做比较详尽的文字说明，比如一个注册登录模块的需求说明如下：

• 打开 App，已在登录状态，存在于至少一个✕✕相册的亲友团中，则直接进入任意"✕✕相册"的时间线主页；

• 首次打开 App，且不在登录状态，则进入引导页；

• 非首次打开 App，不在登录状态，则进入"使用手机号注册"流程，进入"输入手机号"页面；

• 完成登录后，如果没有在任何✕✕相册的亲友团中，则进入"加入或创建新相册"页面，该页面不能返回，可以退出登录；

• 完成登录后，存在于至少有一个宝贝相册的亲友团中，则直接进入排序第一的"✕✕相册"的时间线主页。

（5）项目开发周期评估会：相关研发人员根据项目组评审讨论会中形成的产品的交付物品——FeatureList 的内容，做完成时间评估（包括开发时间、测试时间），并交付给产品经理做 DeadLine（截止期限）的确定。

完成以上 5 个步骤后，汇总项目的上线节点，并发邮件通知项目干系人。

综上所述，对产品设计阶段而言，产品设计及开发阶段不同评审会的目标及策略能让工作事半功倍，以产品设计阶段的产品评审为例，如表 3-1 所示，根据不同的需求，产品经理需要灵活控制开发节奏，做到每一步都"恰到好处"，这是优秀产品经理的必备技能。

表 3-1　产品评审表

内容		频率	目的	策略
产品设计评审	产品组内评审——需求	1~2	把控需求的真实性及可行性，根据市场的情况与团队结构，合理挖掘需求，做到不贪心、不躲避	需求要拆分、合并、整理，以最合理的迭代步骤及优先级，安排团队开发
	产品组内评审——原型		根据具体需求，基本完成功能的展示及逻辑的梳理，尽可能提供较为优质的交互体验	原型要清晰，步骤及流程要明确，建议预留 2~3 版的优化空间，完成原型后再进入其他步骤
	产品组内评审——UI		根据原型，实现视觉设计的基本展示，无重大错误且能实现良好的体验效果	产品和 UI 设计师要及时沟通设计概念及方向。尽量在设计之初就做好产品定位，避免反复修改而导致项目延期

在整个产品发展周期中，对于原型设计产品经理应该如何把握呢？原型的主要作用是为了沟通最初的产品设想，可用 1 ~ 3 种颜色，建议用黑、白、灰，区分重要、次要、不重要的信息。在原型中，所有的用色可以根据产品设想加以区分，通过黑、白、灰 3 种颜色及适当的留白就可以简单明快地完成原型的设计，切勿使用过多的截图和颜色，会让整个原型看起来脏乱差，同时会误导 UI 设计师的设计思路。

记住，良好的沟通是产品经理最大的资本，评审会就是给团队一个机会进行充分沟通，并达成一致。千万不要误以为原型画得很完美，就能做出让人喜爱的产品，也不要误以为交互做得炫酷，就能让用户眼前一亮。产品经理一定要记住，所有的工作都是为解决问题而做。

3.3　完成一份原型图

众所周知，产品经理最基本的工作是画原型。对于产品经理而言，在制作原型图的过程中，就应该严格要求自己非常清晰地展示各模块元素之间的布局关系，同时表达清楚元素之间的优先级关系，图 3-9 就是一份原型图的某个独立页面的解释说明及相关页面的交互行为说明。

根据图 3-9，我们可以引出 5 个产品设计逻辑。

（1）**功能逻辑：**详细讲解该功能的逻辑。

（2）**交互逻辑：**对页面之间的相互跳转进行说明。

（3）**视觉逻辑：**对颜色、图标的要求。

（4）**业务逻辑：**该功能对应的业务。

（5）**技术逻辑：**有些逻辑可能用技术语言描述更清楚，或对技术有特殊的要求。

这 5 个逻辑告诉我们，一份原型图除了单个页面的设计，整个产品的提示与展现也是产品经理需要全面考虑的因素。而且，当产品符合设计逻辑之后，还需要统一设计图标和提示框，才能提出设计需求，无须统一修改的提示框，可直接使用系统自带的。如图 3-10 所示，对于 Alert 警告框，通常不用单独设计一个对话框的样式，徒增研发的开发时间，对于一些比较"轻"的提示及状态，

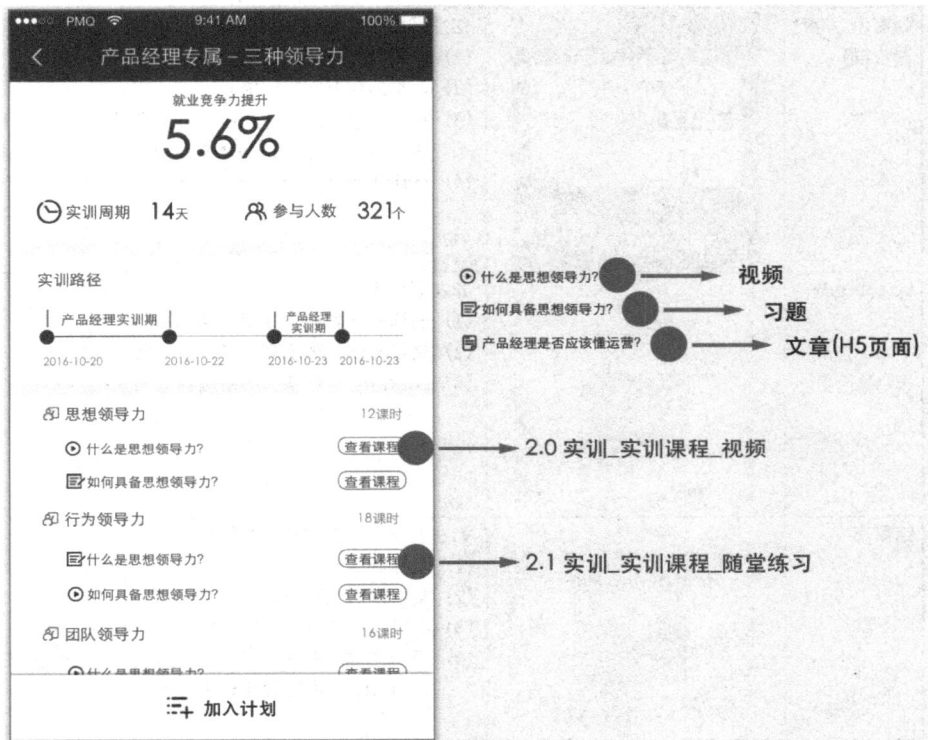

图 3-9 产品设计图

就可以根据设计师的设计理念，做适当的创新。

找出解决方案仅仅是第一步，做出选择，平衡其中的各种要素和关系，才是产品经理将面临的真正挑战。而了解用户、与其他团队 / 角色沟通等，是其方法。没有认真思考的交互设计，往往让人觉得该产品只是在原型上稍做了优化，重新排版了。所以，产品经理在做原型设计的时候，需要深入思考和分析，从用户、目的、使用场景、流程这 4 个方面去全面思考，最终选择出来的所有功能应该本着可执行且重要的目的去实现。对于一些优先级低或者不影响基本使用的功能，能删除就删除，化繁为简即可。

强提示（Alert 警告框）		如左图所示，强提示包含标题、正文内容和按钮： （1）标题没有说明则为空； （2）正文内容按照文案填写； （3）按钮没有说明则为仅一个按钮"好"，点击"好"默认为关闭 Alert 警告框； （4）按钮最多有两个。
Loading 态		如左图所示，Loading 态包含图标和文字： （1）图标默认为动态旋转的菊花图； （2）文字按照文案填写，默认为"请稍候……"； （3）Loading 态在状态结束后自动消失。
结果态		如左图所示，结果态包含图标和文字： （1）图标默认为"√"； （2）文字按照文案填写； （3）结果态默认存在 1 秒后自动消失； （4）只有在需求说明中特别指出的地方才在 Loading 态后出现结果态。

图 3-10　产品说明文档

第 4 章 第一步，做好设计

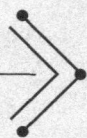

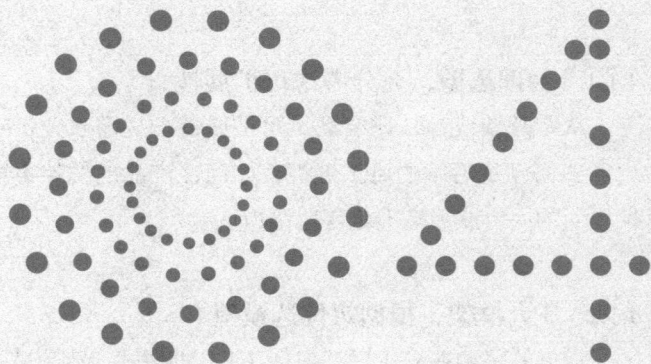

4.1　选好产品框架

设计产品框架就如同现实生活中装修房子一样，当我们面对一间毛坯房，需要思考如何装修出自己心中模样的时候，无论是自己装修还是找装修公司设计，第一步都是选型，是欧美风、田园风还是现代都市风？产品设计的第一步也是选型，你的选型决定了你的房子后续的设计，而产品的"选型"也影响着后续产品的迭代和发展。

4.1.1　合理选型，充分考虑可扩展性

从零开始设计，需要满足可扩展性。从需求分析到框架选型，都需要充分思考如何满足后续的可扩展性，如何让产品的框架更加有逻辑规则，如何让框架里面的内容成为标准化容器接口。

4.1.2　5 大框架，根据定位选模型

常见的移动端导航框架包括 Tab、抽屉式、列表式、九宫格、复合型（如螺旋式、平铺式）。

4.1.2.1　Tab

Tab 式导航是目前移动端市场上使用最为广泛的导航设计，诸如 QQ、微信、淘宝、微博、美团、京东、大众点评、携程等 App 使用的都是 Tab 式导航。Tab 式导航是符合拇指热区操作的一种导航模式。如图 4-1 所示，Tab 式导航还可细

分为底部 Tab 式导航、顶部 Tab 式导航、底部 Tab 的扩展导航这 3 种。

当产品的某项功能必须固定在底部，为方便用户找到，可选择底部 Tab 式导航。当用户进入二级甚至三级界面后，需要快速切换到主要功能模块的情况，就比较适合选择底部 Tab 方式的框架。当产品需要沉浸式体验，有大量主体内容需要用户看到，如新闻类 App、阅读类 App 等，为了带给用户更好的阅读体验，可以将 Tab 放在顶部。

图 4-1　Tab 式导航样例

结合图 4-1，我们分析一下 Tab 式框架的优缺点。

优点：

（1）主要功能突出，无须用户寻找，易于被发现使用；

（2）可以轻松地在各个主要入口频繁跳转使用，减少用户的点击次数；

（3）当用户处于细分的流程环节中时也能快速跳转返回首页。

缺点：

（1）产品的核心功能过多时，如果都放在 Tab 导航上会显得框架过于笨重，一般以 4 ~ 5 个为宜，过多不利于用户切换页面，也会降低界面体验友好度。

（2）沉浸式体验不足，因为底部露出了与当前页面无关的跳转入口，容易打断用户当前的使用行为。目前，很多内容体验型或电商消费型应用往往会在用户下拉浏览时自动隐藏底部导航，以解决沉浸式体验不足的缺点。

总结：

（1）某项功能必须固定在底部，那么其他 Tab 就只能固定在顶部；

（2）产品需要沉浸式体验时，如新闻类 App、小说类 App 等，为了带给用户更好的阅读体验，可以将 Tab 放在顶部。

4.1.2.2　抽屉式

抽屉式导航是指菜单藏在当前页面后，点击入口后就像拉抽屉一样拉出菜单。抽屉式导航比较适合核心功能突出且较为单一的产品。如图 4-2 所示，当产品信息层级有非常多的页面和内容，且难以在一屏内显示全部内容时，很多人

首先会想到去设计一个底部或顶部的 Tab 导航，但导航太多无疑会显得臃肿，而且影响用户点击，这时候，抽屉式导航则是一个不错的选择。

如果选用抽屉式框架，为了让主页面看上去干净美观，可以把辅助功能，如用户设置这类低频操作内容显示在其他页面。需要用户有一定参与的信息层级，最好不要放置在抽屉栏。在大屏时代使用抽屉栏，手势操作显得尤为重要，从屏幕边缘拉出抽屉栏是个不错的选择。

图 4-2　抽屉式导航样例

结合图 4-2，我们分析一下抽屉式框架的优缺点。

优点：

（1）给内容页足够的空间，让用户专注于当前页面或需求目标，提高页面沉浸式的体验；

（2）拓展性较好，侧边栏可以提供更多功能入口的展示空间。

缺点：

（1）用户的学习成本较高，刚使用时很难发现抽屉式的导航；

（2）其他主要功能的入口被隐藏起来了，不够突出，难以被用户察觉；

（3）主要入口的切换需要二次点击，第一次先点击出抽屉式导航，再找到想要的功能，用户的点击较多且路径较深。

总结：

（1）如果应用的主要功能和内容都在同一页面，只有一些用户设置等低频操作内容需要显示在其他页面，为了让主页面看上去干净美观，可以把这些辅助功能放在抽屉栏里；

（2）如果应用有不同的视图，且它们是平级的，需要用户同等地对待，抽屉栏将会浪费掉大多数用户对于侧边栏中入口的潜在参与度和交互程度；

（3）在大屏时代使用抽屉栏，手势操作显得尤为重要，从屏幕边缘拉出抽屉栏是个不错的选择。

4.1.2.3 列表式

列表式导航是指将入口或内容按照列表的样式依次展现在页面之上。列表式导航比较适合内容型产品作为主导航，一般性产品作为辅助导航。其导航结构简单清晰、易于理解，且高效，能够帮助用户快速定位到对应内容。列表式导航包括两类：直接用作主要导航，作为辅助导航展示二级或者更深层级的内容。后者如网易新闻某类标签下的内容页、简书的消息页面、iOS 的设置页面（如图4-3 所示）。

列表式导航大多作为辅助导航来展示二级或者更深层次的内容；如果该 App主要表达的信息层级较为单一，且不会在入口处频繁跳转，那么将列表式导航作为主导航是一种不错的选择。

结合图 4-3，我们分析一下列表式框架的优缺点。

优点：

（1）当用户处于细分的流程环节中时也能快速跳转返回首页，内容的层次较为清晰；

（2）一次性可加载展现的内容条数较多。

缺点：

（1）内容过多时，无法突出重点，因此目前很多内容型产品，如"豌豆荚一

图 4-3　列表式导航样例

览"会在重点或热门内容上加上一个红色的小火焰标记以示突出；

（2）灵活性不高。

总结：

（1）列表式导航大多作为辅助导航来展示二级甚至更深层次的内容，若要作为主导航，必须满足层级浅且内容平级这一条件；

（2）如果该 App 主要表达的信息层级较为单一，且不会在入口处频繁跳转，那么将列表式导航作为主导航是一种不错的选择；

（3）列表式导航的数量保持在一屏以内，超过一屏最好再分一级；

（4）将最重要的内容归纳在前 4 个列表更容易被用户记住；

（5）要注意为列表内容分类。

4.1.2.4　九宫格

九宫格导航是指将各个入口都平铺展示在页面上。此类导航适合功能较多且功能之间较为独立的产品，如图 4-4 所示。

九宫格式导航适合入口相互独立互斥且不需要交叉使用的信息归类。一旦入口需要有所交集，必然会导致更多的操作负累，这时只能根据产品特性做出权衡，如果不适合，建议果断拒绝这种方式。

图 4-4　九宫格导航样例

4.1.2.5　复合型

除以上 4 类主流导航之外，还有一种比较常见的导航，我们称之为"复合型"导航，其作用是解决简单的底部 Tab 式导航难以满足更多操作功能的问题。在 Tab 式的基础上，通过二级导航对主要功能进行扩展，同时给产品设计添加个性化，如微博、QQ 空间、闲鱼。另外还有一种偏欧美风的平铺式导航，这种导航方式很容易营造出高端的视觉体验，最大限度地保证了页面的简洁性和内容的完整性，且一般都会结合滑动切换的手势，操作起来非常方便，如天气通、淘宝的每日好店。

接下来，我们分析一下复合式框架的优缺点。

优点：

（1）可以清晰地展现各个入口；

（2）可以一次性展现多个入口。

缺点：

（1）重点功能不够突出；

（2）各个入口之间的跳转不够灵活。当某个功能的层级路径较深时，用户不能快速跳转到自己想去的页面。

总结：

复合型框架一般包括两大类，一类是螺旋式导航，另一类是平铺式导航。接下来，我们分别讲解这两大类框架模式如何使用，有什么特点。

1. 复合型——螺旋式

（1）作用：解决简单的底部 Tab 式导航难以满足更多操作功能的问题。

（2）特点：类似生产内容的主功能按钮放在中间，标签更加突出醒目，同时该主功能标签做了功能扩展，也因此为设计增加了一些个性化的亮点。图 4-5 所示为微博 App 的主导航设计，就是典型的螺旋式导航。

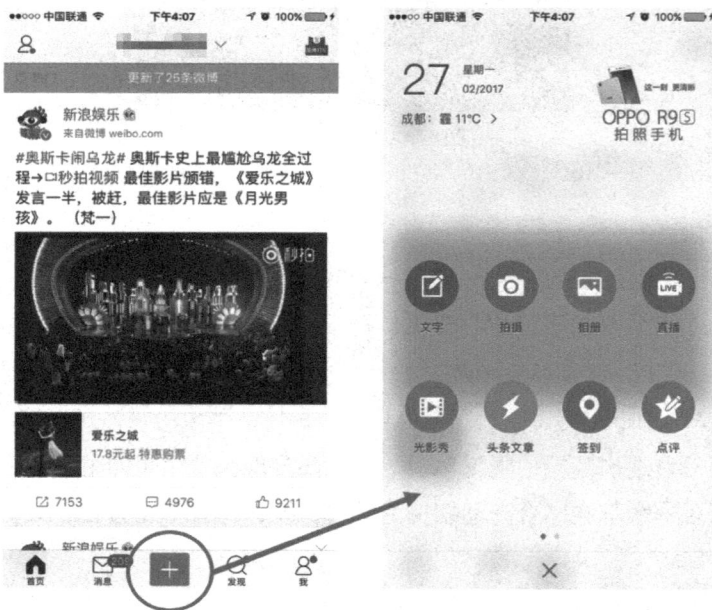

图 4-5　螺旋式导航样例

2. 复合型——平铺式

（1）作用：当信息足够扁平时，可以尝试平铺式导航。

（2）特点：如图 4-6 所示，这种导航方式很容易营造出高端的视觉体验，最大限度地保证了页面的简洁性和内容的完整性，且一般都会结合滑动切换的手势，操作起来非常方便。

图 4-6　平铺式导航样例

移动端产品导航的设计没有最好之说，只有最合适，根据产品来选择最合适的导航设计。除了当下已有的设计模式，未来一定会有更多更新的导航设计和交互体验，设计的心应该是自由的。

4.2　做好交互体验

4.2.1　什么是交互设计

一般来讲设计可分为 3 类：行为设计、形式设计、内容设计。其中，行为设计专指交互设计，所谓交互，即输入 (Input) 和输出 (Output)；形式设计包括

界面设计与风格设计；内容设计包括信息架构设计、文案设计、动画制作与音效设计。具体如图 4-7 所示。

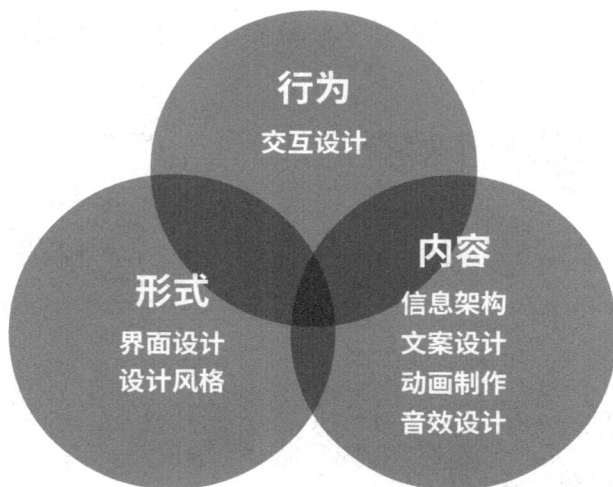

图 4-7　交互设计

关于交互设计，其官方解释是这样的："交互设计是针对输入方式（通常是人）和输出方式（通常是机器）的设计。以人的需求为导向，理解用户的期望、需求、商业、技术以及业内的机会与制约。"

基于以上理解，结合图 4-8，我们来分析一下交互设计的原理。通过原理图我们能获知，交互设计关注的是用户场景和用户心理，设计的对象是用户行为，达成的目标是能用、易用、想用。

图 4-8　交互设计原理

了解了交互、交互设计及其原理，很多人会问，产品经理为什么必须要做好交互体验设计，它对一个产品的使用到底有什么价值？接下来，我们就开始解释这个问题。

在日常生活中，我们都在和产品打交道，每天都在使用和体验各种产品。有些产品在使用过程中会出现糟糕的体验。通常情况下，我们知道问题的源头，也能说出几个需要改变的功能，或者几个需要补充的思路，但只是停留在想、思考这一层面，对于产品经理而言这显然是不够的。第 2 章中我们曾经强调过，产品经理的工作核心就是把想法设计为产品，用以解决问题，即解决用户的痛点。

产品经理的工作目标就是通过巧妙的方式解决现有的问题，满足用户更深层次的需求，发挥极致的细节体验。那么，如何做好产品体验呢？

我们先来看一个案例，如图 4-9 所示，这是某星级度假酒店电梯的概貌。这个看起来略带设计感的按钮，在实际使用过程中却让很多人不知所措。很多人在第一次使用的时候，常常会使劲按其中的巨型块，但并没有点亮楼层的按钮，仔细观察后你才会发现，原来瞄准数字轻轻点击，即可点亮楼层按钮。

图 4-9 某酒店电梯概貌

同样的场景也会出现在很多地铁的电梯中，匆匆忙忙上班下班的我们，有时候真的不会思考太多，到站下车，看到电梯就立马闪进去。可是地铁这类看

似简单的电梯场景，很多时候我们却不知道 1 楼和负 1 楼的区别。相信作为产品经理，面对如上场景和问题，不会袖手旁观，会用自己的专业设计能力把它改变成如图 4-10 所示的样子，这样一来，就解决了很多用户的痛点。

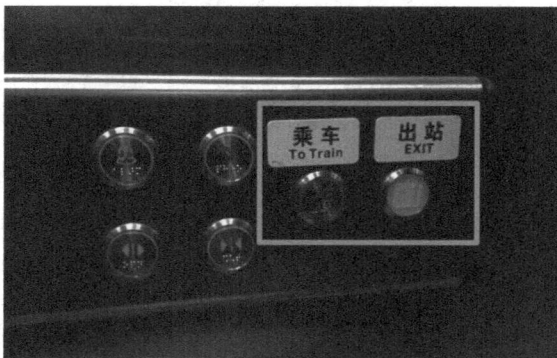

图 4-10　地铁电梯设计

这些生活案例从侧面说明了一个问题：所谓的交互体验设计，其实就是尽可能减轻用户的思考负担，符合用户最自然、最本能的思维习惯，本能怎么想的就怎么做，不多想、不疑惑。当用户用着舒服、不再迟疑的时候，你的交互体验设计就是最佳的方案。

4.2.2　体验始于场景

很多时候，我们对一个产品的评价是：

结构逻辑混乱，主次不分；

交互方式单一，操作不流畅；

视觉设计和展示体验不佳；

操作流程复杂；

……

这说明，你的产品已经脱离了用户场景！

用户场景是个很容易被忽视的问题，用户使用产品时的场景非常复杂，可能在嘈杂的地铁里，也可能站在路边或 KTV。

如果我们忽略一些需求方面的细节，就会导致设计出来的产品用着不顺手，因为每一个需求对应的都是一个场景，每一个场景都关乎到界面设计。比如很多人熟悉的滴滴打车，其用户分为两个角色：乘客、司机。针对不同角色，产品使用场景有差别，那么其功能设计必然也应不同。用户场景分析对应交互设计五要素中的"默认任务"。交互设计五要素包括 People、Purpose、Contexts、Means、Actions。其解释和说明如下。

1. 明确目的

People： 了解用户的活动及目的，即这个 App 面向的用户群是怎样的？这些用户的共同点是什么？这个 App 主要满足怎样的需求？产品经理应将场景还原到用户打开应用的时刻，去构思用户打开应用时的心理期望。

可以通过这样 4 个步骤来完成用户需求的场景分析：首先，了解一个领域产品的基本结构/模块，建立基本认识；其次，熟悉成熟、优秀的交互设计 Pattern（样品），内化积累；再次，针对性地了解竞品的设计细节与变化；最后，了解当前设计趋势，发掘有价值的设计创新。

Purpose： 定义设计的目标，即用户会在什么情况下下载这个 App？在使用之前的预期是怎样的？希望通过它得到什么？

2. 归纳框架

Contexts： 定义活动中的行为与问题，第一次使用时，你对这个 App 的印象是什么，为什么觉得它好？它是否达到了你的预期，它是如何达到你的预期的？

为了完成这一步的工作，我们需要梳理产品的用户人群、用户目标、主要任务、使用场景，归纳出产品模式的运作框架（大体量产品可以从单个模块入手），形成文字或图形输出。

3. 模拟任务

Means： 设计方案，反复精化，把自己代入用户的情境，以任务流程为线索贯穿知觉、识别和记起、行动和反馈这 4 个维度，由静态到动态地分析产品的设计。以某个用户角色通过一个故事描述其理想的体验，并由此开始设计。

在××时间、××地点，周围出现了××事物时，特定类型的用户萌发了某种欲望，从而想到通过某种手段来满足欲望。

（1）代入用户场景：即不是以自己日常的操作习惯体验一款产品，而是尝试扮演不同的用户角色，模拟不同的情境场景。更深入的办法是重绘一遍原型，把自己带入该产品设计师的角度，感受页面的每个细节。

（2）让用户知道做什么：主界面的设计能否让用户发现重要的信息，或是找到执行任务的关键入口，不被冗杂元素干扰。

（3）帮用户理解怎么做：界面控件和元素是不是有良好的可供性，是否让人容易理解所需操作，能否减少用户认知、记忆负担。

（4）引导用户愉快使用：减轻用户行动的阻力，符合场景地呼出对话框，减少不必要的跳转。

4. 记录亮点

Actions: 确认设计方案对用户活动的影响，即这个 App 的亮点是什么，吸引你的点在哪里，超出你预期的地方在哪里。交互体验、情感化设计、场景优化、动效展示，都是细节设计可以产生亮点的地方。

接下来通过 3 个场景化设计的案例，帮助你理解场景化设计的好处。

4.2.2.1　场景化点击：满足用户的好奇心

好奇心充斥在马斯洛需求理论的每个层级，好奇心的体现就是探索行为。用户的大部分需求都来自好奇心，所以如果能抓住用户的好奇心，在适当的时候给予提示，让用户不错过重要的人和事，这样的场景提示和设计就是符合用户心智，且不干扰用户使用的"中断"。

如图 4-11 所示，一些咨询类 App，其内容更新的及时性是最核心的痛点，用户之所以使用并每日开启某 App，必然是对新鲜事物产生好奇，同时不想滞后于身边朋友。而且，用户希望这类内容能成为其平时谈资的素材并作为展现自我个性的方式，因此，能安全获取最为关键。

4.2.2.2　场景化购买：再看我再看我就把你吃掉

如图 4-12 所示，内容消费类的产品，如视频、图书，一般都会有付费购买等高级功能的入口。这类入口融入用户使用场景，当需要用户了解收费的时候，选择出现的方式，可以是提示，也可以是一个广告页，或者是一个业务入口。

百词斩 App 在用户每日首次启动的时候，会放置与学习相关的周边产品的整屏广告（一方面提醒用户要按照计划学习，另一方面为自己的产品定时曝光展示引流）。加载进度条时，必须耐心地等待加载完毕，太着急的话只能点击图片。但一旦点击图片，就会跳至淘宝链接。

4.2.2.3　场景化阅读：充分利用碎片时间

我们一天的时间都被各种间断、分散的会议和讨论切开，对很多人来说，

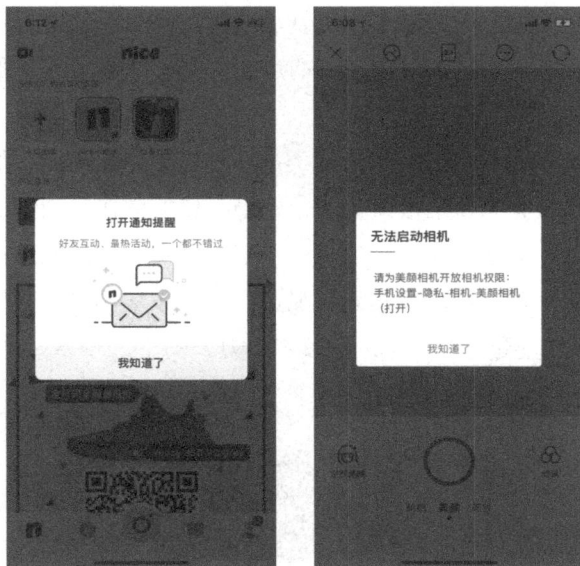

图 4-11　场景化点击实例图

图 4-12　场景化购买实例图

碎片化的时间在走路和乘车时用掉最多。但是学习又是一个人必需的精神食粮，一天不摄入就感觉心里空空的。

与其抱怨时间太分散，还不如想办法把大把碎片时间好好用好。其实，产品经理只要回想一下自己用某款产品的痛点，或者说用某 App 的诉求，就不难发现用户的真实需求。

如图 4-13 所示，我们看一些新闻类 App、阅读类 App 时，很希望每次一打开首页就能快速看完当日的最新头条，好奇心日报就帮我们解决了这个问题：大大的板块放置在显眼的位置，想必你一定会好奇地打开看看；当我们阅读文章的时候，突然发现一句话或者某个观点很好，非常希望能把这种感受分享给志同道合的人，这能迅速提升你的阅读感知力。

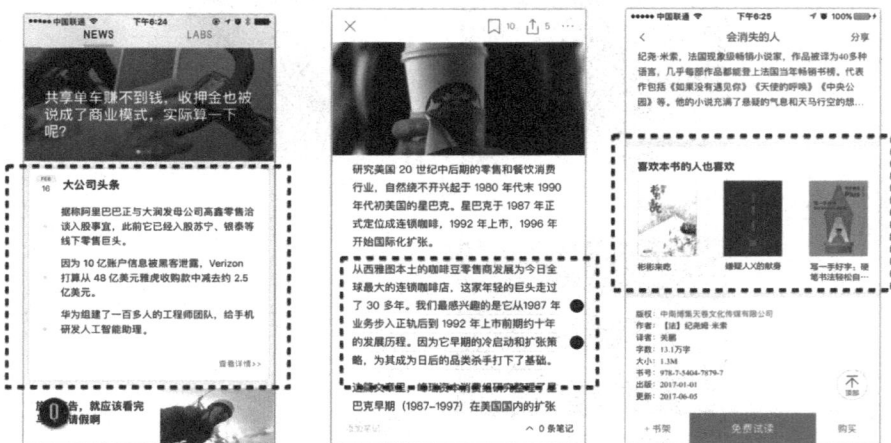

图 4-13　场景化阅读实例图

基于上述概念和原理，我们再结合一些具体的案例来进一步说明，产品经理应该如何通过使用场景优化交互体验。

案例 4-1：星巴克 App

请问，你每次在买咖啡的时候，会不会寻找"扫一扫"的入口？但很多人在绑定新卡的时候找不到"扫一扫"的入口，如图 4-14 所示。

原来在星巴克 App 旧版本上，那个非常常用的"扫一扫"入口隐藏在一个列表入口，我们需要点击进入二级界面才能看到醒目的二维码图片，如图 4-15 所示。因为它非常隐蔽，而且有很大的记忆负担，用起来不是特别舒心。

星巴克的产品经理在发现这个问题之后，开始优化交互体验。在其某个新版本中，我们惊喜地发现，"扫一扫"入口被醒目地放在了首页的积分卡下面，

图 4-14　星巴克 App 旧版本

图 4-15　星巴克 App 旧版本"扫一扫"入口

并且用"扫一扫"这样直接的文案告诉用户，点击这里就可以打开二维码扫一扫，
如图 4-16 所示。可见，一个小小的优化，就能让用户的体验感有所改善，交互
体验的学问是不是很大？

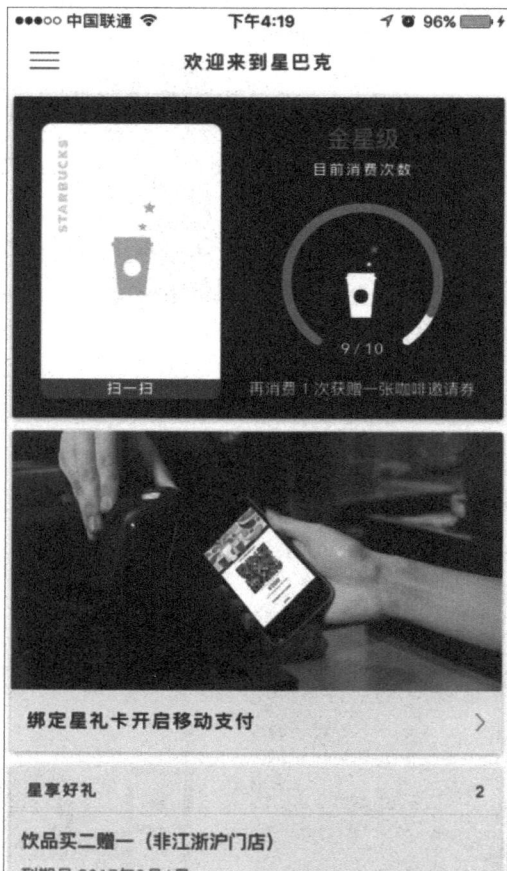

图 4-16 星巴克 App 新版本

案例 4-2：某时尚穿搭 App

图 4-17 所示是某时尚类 App 原型图，试着找到交互设计中的问题。

《简约至上》一书曾提到："不要让你的设计干扰用户的思绪。简单的设计能够为用户留出足够的空间，他们会用自己的生活来填充这些空间，从而创造出更丰富、更有意义的体验。"除此之外，该书还重点讲解了交互设计的 4 大策略，这 4 大策略的内容可归纳如下。

（1）隐藏：特指隐藏非核心功能。无论隐藏什么功能，都意味着你在用户和功能之间设置了一道障碍。适度的隐藏，可以让用户不会因为不常用的功能而分散注意力。适合隐藏的功能是指主流用户很少使用，但又必不可少的功能，

图 4-17 某时尚类 App 原型图

而不是不必要的功能——对于不必要的功能应考虑是否可以删除。典型的隐藏功能如产品中常用的"设置"选项。

（2）组织：即组织必须提供的功能。对产品界面进行重新组织布局时，需要考虑尺寸、颜色、位置、形状和层次等元素。组织的核心是通过某些角度来整理、组织松散的信息和元素，并且只强调一两个最重要的主题。通过重新组织界面，将复杂模块组织成清晰的层次结构。对性质相同的产品进行分类时，确定清晰的分类标准非常重要。

（3）删除：即删除不必要的功能。产品设计时要学会做减法，不能流于功能的堆砌。删除干扰性的功能，可减轻用户的使用负担。这里的"删除"包括消除错误、删减文字、精简句子、删除不必要的选项、删除混乱的元素、减少用户界面中的小细节、去掉分散注意力的视觉元素等。"删除"策略的核心就

是删去那些增加用户负担和干扰用户的因素，让用户专注于核心功能的使用。删除杂乱的特性可以让设计师专注于解决有限的重要问题。而且，也有助于用户心无旁骛地完成自己的目标。

（4）转移：目标是把用户需要做的变成产品需要做的，在技术高速发展的时代，人工智能和计算机可以做的事情越来越多，很多原本需要用户做的事情可以用机器替代，减少用户的操作成本。要想把正确的功能放到正确的平台或者系统，必须要明确各个平台或系统的优势和劣势。

了解了上述相关理论之后，我们可以套用这 4 个策略来分析案例 4-2 所存在的问题。

（1）隐藏：顶部 bar 的购物车、分享两个 icon 是两个不同属性的场景，不应该共存，或者在一个交互等级，需要根据重要性进行合理的删除和调整。

（2）组织：界面信息太多，分层不明确，记忆点不突出，需要把相关信息组合整理，比如 5 星好评和评价内容可以组合为一个整体，与产品详情区分开。这样优化之后，用户浏览信息时会减少思考的负担——看完产品介绍以后，自然而然地看看产品评价，最后做出购买决定。

（3）删除 + 转移：底部 bar（导航）、save（保存）、add to chat（放入购物车），功能有重复，选择其一即可。有一个理论叫作"认知吝啬者"，该理论认为："人们倾向于寻找显而易见的表面信息，而不愿意对已有信息进行加工推论，进而得出更全面准确的信息。" 个体在接受信息的时候，不太喜欢思考太多，他们习惯于依靠过去的经验、个人直觉，并应用许多认知的捷径来处理信息，这种直觉的判断系统可以减轻用户在操作很多事情时的认知负担。

我们可以运用这一理论来对比淘宝 App 和京东 App，如图 4-18 所示：淘宝 App 的商品详情页只有一个"加入购物车"，而京东 App 的商品详情页同时设置了"加入购物车""立即购买"两个按钮，且这两个选项从颜色搭配来看，不分伯仲。参考认知吝啬者理论，我们分析一下原因吧。淘宝的商家分散而且没有统一的物流配送，在不同店买了东西要分别结算，而且不同的店，其邮费也不同（因为物流提供商不同，加之首重等区别），即使有包邮，各店的包邮标准也不同，所以"立即购买"不适合淘宝。反观京东，它有自己独立的物流系统，能保证配送的统一性，而且有免邮费的限制，使用购物车既可以防止用户因多次下单，给订单处理造成麻烦，又可以给用户计算商品价格，享受免邮费的机会。

但是现在京东也支持第三方店铺的其他物流，这种情况又要进行区分了。

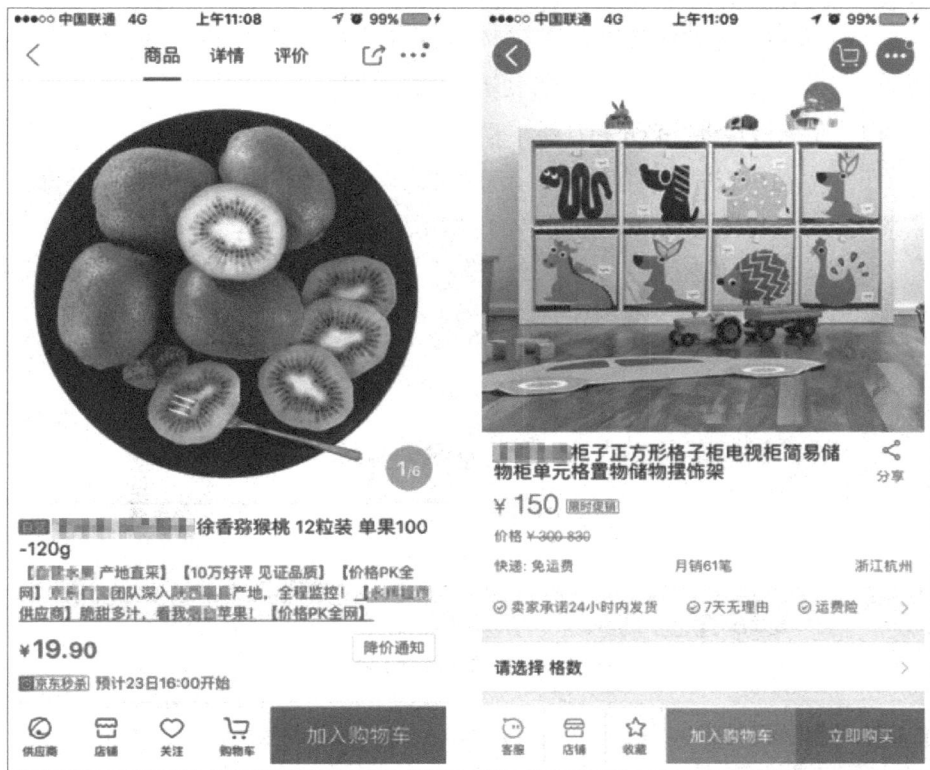

图 4-18 认知各嗜者理论配图

可见，产品上的任何一个控件，如按钮，其背后都隐藏着用户的认知方式，在秉持简单的基础上，依然要具有自身的特征和个性。交互体验设计无时无刻不渗透在我们的产品设计之中，需要产品经理多从用户使用场景出发，全面考虑功能的设计，才能让用户用得方便、舒适。

4.2.3 开始设计

很多人会有这样的疑问：初级产品经理在新手阶段就去学习专业的交互设计的知识，有必要吗？其实，每一件事情的成功都不是一蹴而就的。随着互联网公司的逐渐成熟，对产品经理的交互设计能力的要求也越来越高。产品经理懂交互，一方面可以更深入地了解用户体验，另一方面又能在设计原型的时候，

更多地考虑逻辑和实现，这样的思考过程和反复打磨的经历，对后续产品的推进起着积极的作用。因此，产品经理需要通过学习让自己变得更专业，0 ～ 1 岁的产品经理主要是做推动和沟通环节方面的工作，要同时接触开发、交互、视觉等，所以多了解一些知识，更有利于工作的开展。

4.2.3.1　工欲善其事，必先利其器

工具就是用来提升工作效率的，工欲善其事，必先利其器。要做好产品设计，首先需要熟练地使用设计工具。图 4-19 所示为几种常见的交互设计工具。

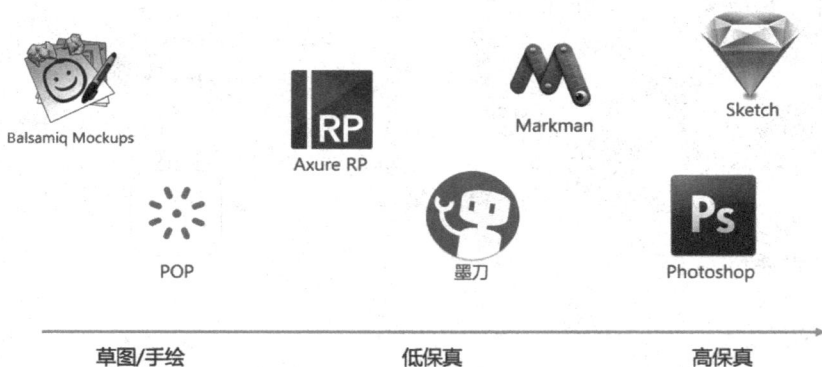

图 4-19　交互设计工具

4.2.3.2　教学相长

了解了原理和工具，接下来我们谈谈具体的方法。大多数设计的方法模型具有类似的成分，其实从很多教学原理和基础知识中都能窥到产品经理的工作方式。其中最贴近交互设计的当属 ADDIE 模型了，如图 4-20 所示。

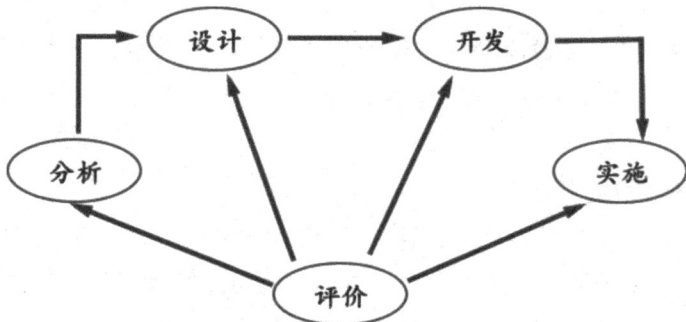

图 4-20　ADDIE 模型

ADDIE 即分析、设计、开发、实施、评价。

（1）分析：首先确定需要，并借用教学来解决问题，然后进行教学分析以确定教程在认知、情感与动作技能方面的目的。

（2）设计：把教程的目的转换成变现性的结果与主要的教学目标，同时确定所涵盖的教学主题或者单元以及每个主题、单元的授课时间。

（3）开发：确定学习活动与材料类型，在目标受众中进行材料与活动的试用。

（4）实施：购买材料以便为教师和学生采用，在必要的时候提供帮助与支持。

（5）评价：实施学生评价计划、教学评价计划、教程维护与修改计划。

认知用户、定义设计的过程总是千头万绪的，各个流程之间也是交叉进行的。类比 ADDIE 教学设计模型，交互设计也可以通过类似的 5 个步骤来实现，如图 4-21 所示。

| 01 | 02 | 03 | 04 | 05 |
| 了解用户的活动及目的 | 定义活动中的行为与问题 | 定义设计的目标 | 反复精化设计方案 | 确认设计方案对用户活动的影响 |

图 4-21　交互设计流程

第一步：认识产品所要解决的问题

交互设计的第一步：找到用户（对应 ADDIE 教学设计模型中的"分析"）。为找到用户，产品经理的核心工作即了解用户是谁，他们如何使用产品？使用过程中遇到了什么问题？为什么这样使用产品？不论是成熟产品还是初创产品，都要明确产品为解决用户的什么问题，然后完成细致的用户分析和需求分析，这阶段主要是思考目标用户画像，用户为什么有这些需求，以及需求的应用场景等，梳理清楚目标用户的特征、用户场景以及用户的主要任务等。交互设计的初衷就是解决用户的问题。不论设计什么产品，能够被用户认可的途径只有一个——这个产品解决了用户生活中的某个问题。

产品经理在平时设计中，可以多向自己进行如下提问，慢慢找到一种舒适的交互设计方法：

（1）这个产品的目标用户是哪些人？他们的需求是什么？

（2）这个产品（功能）的产品和业务逻辑是什么？出发点是什么？目标是什么？用户需求场景是什么？

（3）我的设计方案（包括功能分组、使用流程、文案、手势、动效等）用户可以理解吗？符合他们的心智模型吗？好用吗？

第二步：提供解决产品问题的方案

交互设计的第二步：完成建模（对应 ADDIE 教学设计模型中的"设计""开发""实施"）。关注定义用户活动的具体行为和问题，定义设计目标也常常在这个过程中完成，利用不同方式进行建模，诸如头脑风暴、流程图、原型图等各种设计方法在这个阶段都可以用。然后通过原型工具和专家经验进行方案设计和精化。

这个阶段的核心工作即产品交互思考和设计，包括用户地图、信息结构、框架图、页面流程图、页面交互稿、细节交互等。通过反复画原型可以更好地从各个角度检验方案。原型设计有很多类型，最基础也是最原始的莫过于纸面原型，简单的纸面原型甚至在头脑中想象的原型都可以帮助团队推敲方案；如果需要了解团队甚至用户对不同方案的反馈，就需要相对高精度的原型，如电子稿原型；如果只是讨论哪个方案更优，只需要将相关流程原型化即可；如果需要考虑方案的可行性等问题，就必须将所有的流程都转化成原型来讨论。

确定概念方案后，就可以进行具体的交互设计，其间可能有多次评审和反复讨论修改的过程，在这个过程中不断完善方案，包括对详细功能框架图 / 功能列表、交互逻辑流程图、交互说明文档（包含所有状态的交互页面、交互说明、交互规范）的完善。图 4-22 是一份比较完整的某模块的交互设计图，通过流程的指示和说明，能比较清晰地设计出一个交互逻辑。

当然，在整个设计过程中，产品经理需要具备一项基本功：定期总结。比如这个交互适合什么？这个汉堡结构怎么用？有什么利弊？哪个动画效果简单而好用？这个界面布局很好，适合什么产品……

第三步：检验解决方案的正确性

交互设计的第三步：验证模型（对应 ADDIE 教学设计模型中的"分析"）。

借助测试用户来观察、确认方案对用户活动的最终影响是否达到期望的设计目标。产品经理做产品设计（包括交互设计），需要进行产品经理内部的走访调查，可以针对用户进行可用性测试，如 A/B 测试、5 秒测试等。其目的在于

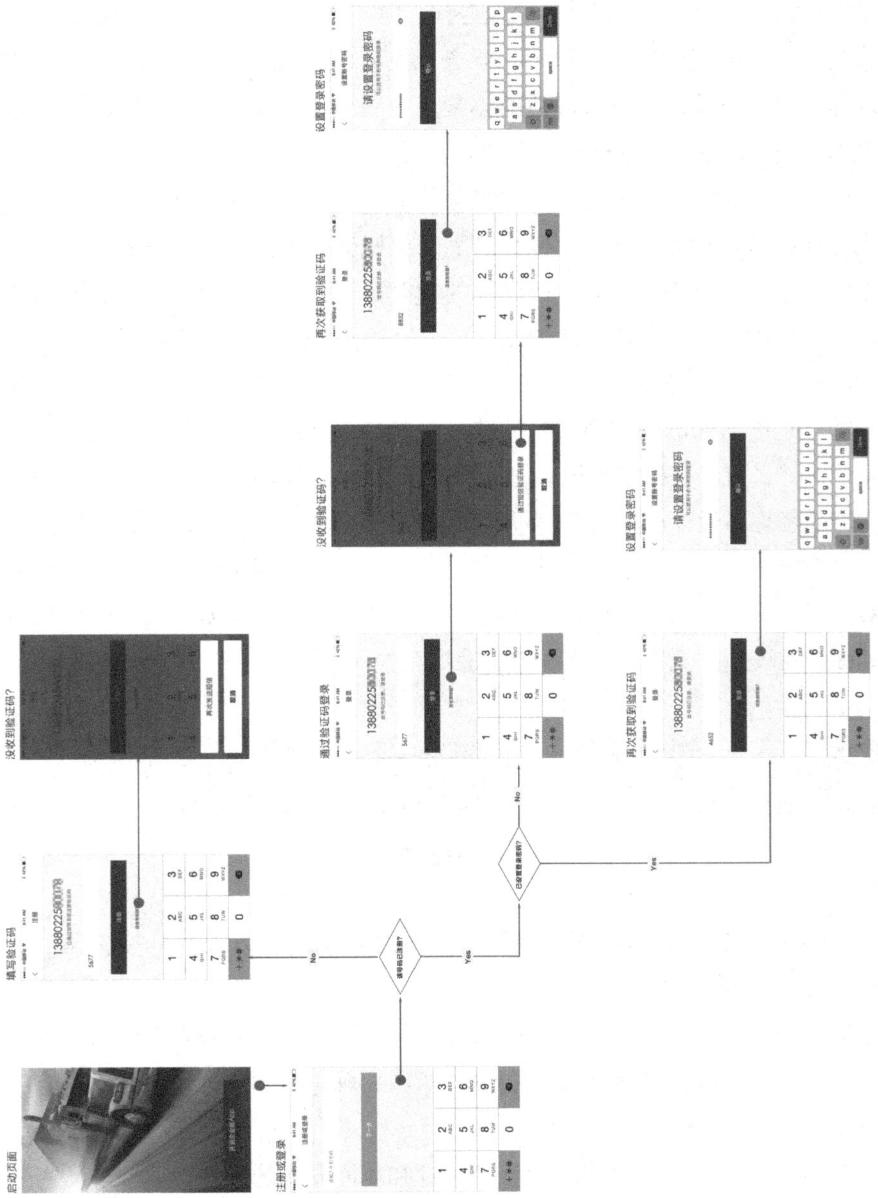

图 4-22 某产品注册登录模块交互设计图

发现用户在使用产品的过程中可能出现的问题、获取用户对设计的反馈信息。其测试和评估结果将作为设计修改的支撑数据。因此，多做可用性测试，让同事和用户参与到交互设计中来，是验证交互方案是否有效的试金石。

走查完后，继续完善设计，快速迭代。但实际过程中往往并没有这么顺利，每一项设计都需要和产品、运营、业务、视觉、开发人员进行沟通，再修改，再沟通……反复地打磨至最舒适的体验。产品经理需要多尝试，同时不断积累模式库，慢慢建立起一些标准和规则来，之后的工作才能渐趋顺利。

交互设计作为贯穿了分析和实施阶段的桥梁，无限地接近真实用户场景，寻找更加合理设计的答案，可以为产品的更好体验提供实实在在的支撑。就如在教学和学习过程中，没有一门学科的大纲是一成不变、没有一名老师的授课方式是千年如一日的，所有的教学内容都应该围绕着学生的实际学习情况进行相应的调整。产品经理做交互设计也是这样，交互设计的综合性很强，涉及诸多问题，它借由产品与用户进行持续性的对话来创造产品的使用体验。要想做好交互设计，就必须把它当作一门科学来仔细研究，认真品味。

产品经理在设计产品之前，需要清楚产品要做成什么样子，据此做任务分析，然后了解产品功能的逻辑并梳理页面流程，再考虑页面布局，用原型设计来表达对产品的规划和想法，并在原型设计中添加设计说明，类似代码的注释，图 4-23 所示即产品设计的流程，分为 5 个关键步骤。

图 4-23　产品设计流程

（1）任务分析：对照着功能需求，对用户操作任务进行分析梳理，给出 FeatureList，写明主要任务及子任务。

（2）页面流程：决定界面的信息架构与操作逻辑，主要表现形式为流程图。

（3）页面布局：对页面进行拆解与重组，确定结构与分块，分块要合理并具备逻辑性与视觉感。

（4）原型设计：完成具体页面的设计和界面元素的表现，原型设计图分低保真和高保真两类。原型设计的目的是与所有人(包括自己)沟通产品信息，因此，达到这个目的的原型即可认为是成功的。

（5）设计说明：对页面设计进行的补充描述及详细说明。

了解了如何设计之后，再来看看，交互设计在产品各个阶段的作用。

（1）产品初期：通过交互设计，快速定位产品风格样式，进而交付主要功能页面（小版本），从而实现小步迭代和快速上线的目标。

（2）产品中期：交互设计关注的重点是页面与交互操作的深度设计，完善功能以实现效果。

（3）产品后期：交互设计关注的重点是稳定版本迭代，保持操作体验一致性与页面逻辑优化。

了解了交互设计在产品不同阶段的侧重之后，产品经理就要学习如何完成交互设计图。交互设计图是连接产品经理、开发工程师、测试工程师、UI 设计师的规范文档之一。在短、频、快的项目迭代中，通过一份详尽的交互设计图，带动项目组向统一的目标前进，是产品经理需要磨练的技能。接下来，我们将通过一套经典的方法来阐述如何把交互设计图画好。

4.2.4 交互设计文档

知道交互设计具体做什么之后，我们就要着手制作交互设计文档了。首先，我们需要了解交互设计文档到底是给谁看的，如图 4-24 所示。

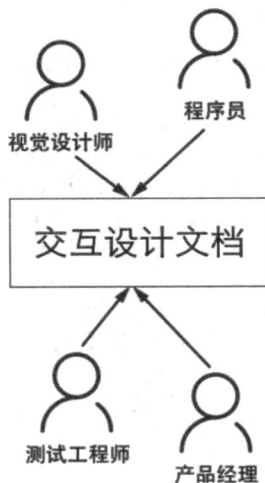

图 4-24 关注交互设计文档的角色

那么，交互设计文档的作用是什么呢？一份详尽的交互设计文档，能将很多产品细节以图示和文字的形式固定下来，起到规范的作用，有助于团队成员

的沟通，从而降低沟通成本。

一份交互设计文档大致包括以下部分。

（1）文档封面、版本记录与交互文档，如图4-25、图4-26所示：

XXXX产品体验设计 V1.0	XXXX产品体验设计 V1.0
目录	修订记录
1　交互框架	**2018-09-10**
1.1　关键界面	**新加入**
2　登录注册（具体模块）	2.2　注册——分支流程
2.1　登录——主流程	**内容更新**
2.2　登录——分支流程	2.2.1　忘记密码
	调整找回密码的逻辑，与注册分支流程同步迭代

图 4-25　文档封面与版本记录

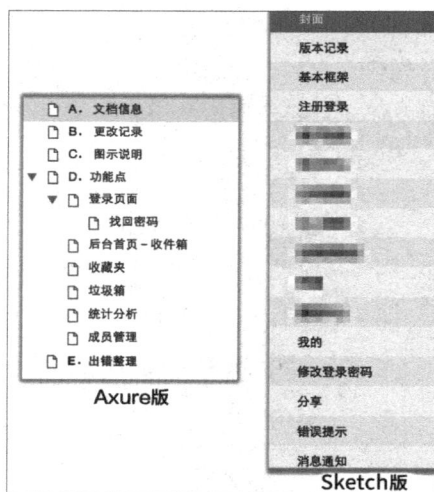

图 4-26　交互文档

（2）模块清单、业务流程、原型设计、错误处理，这几项都包含在产品设计提案里，如图4-27所示。

图 4-27 产品设计提案

4.3 管理复杂结构

了解了原理和基本方法，本小节将结合大量的实际案例，介绍一套产品设计中管理复杂结构的方法，希望对产品经理的成长有所帮助。

增加用户的操作是昂贵且费时的。通过减少执行某个动作所需的工作量来影响用户行为，通常比增加用户行动的意愿更有效，因此，产品经理应努力让产品简单到用户一看就知道如何使用。《简约至上》一书中曾经提到："复杂是世界的一部分，但它不应该令人困惑……好的设计能够帮助我们驯服复杂，不是让事物变得简单（如果复杂是符合需求的），而是去管理复杂。"在产品设计中，有 4 大模块时常会有大量的信息需要处理，而且随着版本的迭代，放置的内容也会逐步增加。所以，我们需要对其包含的信息内容做合理的优化，以解决复杂内容令用户陷于困惑的难题。这 4 大模块分别是：个人中心、Tab、

查看更多、筛选器。

4.3.1　个人中心

个人中心是每一个产品的标配功能，承载了用户信息及软件设置等重要内容，对于不同类型的产品，个人中心内容外露的需求也不同。个人中心又分为主人态、客人态两种。主人态指用户自己看到自己的信息，客人态指他人看到自己的信息。不同视角看到的个人中心，其内容也不同，这就需要产品经理根据用户的实际使用场景，进行适当的整合、分级。个人中心的布局大致有两种：一种是抽屉式，另一种是多列表方式。

4.3.1.1　抽屉式，二级导航

偏工具化的 App，其默认的首页通常会提供产品最核心的内容，从而使用户每次在需要使用时倍感方便——一打开 App 就可以进入使用。当某件东西的运转、可选项和外观与人们的概念模型相匹配时，它就会被认为是简单的。产品设计应该降低用户的学习成本，符合用户的使用习惯，了解用户大脑中已存在的概念模型。

古腾堡图表简单地说明了用户在阅读产品时的习惯性轨迹，并提出人们浏览页面或布局的时候，视线都趋于从上到下、从左到右的眼动规律，左上角是视觉第一落点区，而右下角是视觉最终落点区，如图 4-28 所示。

图 4-28　古腾堡图表

例如，滴滴打车的核心功能是打车，多看阅读的核心功能是阅读（书架），因此把个人中心用这种模式放置在工具界面的导航上就比较合适。这样的交互设计会让主界面更显清爽，并整理了很多属于个人中心的复杂内容放置在二级界面，显得主次分明、管理合理。

因为人们在浏览信息或布局时，视线往往趋向于从左上角移动到右下角。所以，个人中心作为一个二级模块，宜放置在左上方，为核心的工具化功能做辅助，这样既不喧宾夺主，又可以令用户能形成感觉记忆，在用户需要查看个人信息或者设置工具项时，点开即可。

4.3.1.2 独立 Tab，多层列表

结构一：分层清单的列表

当产品有较多的信息需要展示在个人中心，同时个人中心作为与核心模块并行存在的一级入口时，通常我们可以用独立的 Tab 来放置"我 / 我的"（个人中心）这个模块。当个人中心下分类较多，条目需要较为清晰时，建议使用多层列表来呈现内容，因为多层列表能显出内容与内容之间的阶层关系。一般情况下，这类列表主要适用于以文字信息为主，列表中没有图片或者图片不是很重要的情况。

另外，除了文字之外可能还会用到按钮、选择框等交互控件来辅助列表的交互。多层列表的方式高效且具有极佳的视觉可视性，能够一眼看出整体信息架构并能同时浏览与处理多个阶层的内容，如图 4-29 所示。

图 4-29　产品截图

结构二：模块化，网格缩图

与分层清单相比，网格缩图的形式能让用户通过视觉图片的形式浏览内容。这样的设计让图像比文字更容易辨识，也更容易区分。因为详细内容与列表呈现在同一个画面中，因而能轻松地阅读信息。模块化设计有个需要注意的地方——当用户需要依赖文字来寻找内容时，就不适合使用这种设计，因为使用者必须不断跳跃浏览。

因此，无论选择哪种形式，在设计个人中心之前，我们首先应该思考交互动作的设计是否已满足内容的需要，同时也要考虑整个产品交互的一致性以及平台的兼容性。另外，交互方式要符合用户的操作习惯。只有从根本上管理好复杂，才能够设计出简单的产品，并据此思考自己的产品能满足什么样的需求，从而打造一款满足自己需求的产品。

4.3.2　Tab

最简单的界面小部件是大模块功能的基石，其是否好用对产品的体验起着重要的作用。Tab 标签看起来像一个微小、乏味的图形用户界面设计，以致经常被误用，但若我们能合理运用 Tab 的特点，就能为你的用户体验加分。

结构一：上下文替换

在相同的上下文中使用 Tab 来替换视图时，设计的标签是平行的性质，而不是导航到不同的区域。这种 Tab 切换可以直观地看到逻辑块后面的 Tab 内容，当用户选择一个给定的标签时，可以很容易预测前后 Tab 的内容及其关系。如果人们需要比较不同标签背后的信息，使用这类 Tab 作为信息切换就比较合适。如图 4-30 上方圈出部分所示。

结构二：功能类导航

同理，只有当用户不需要同时从多个选项卡中查看内容时才使用 Tab 导航。因为使用 Tab 导航会增加用户短期记忆的负担，增加了认知负荷和互动成本，并降低了可用性。在产品设计时，导航设计应该突出当前选定的标签，这样用户就可以分辨出哪个选项被选中了。当然，除了强调被选中的内容，还可以标记当前页的大小，通过粗体标签、图标，或者排序来突出优先级。同时，未选中的标签应清晰易读，成为提醒用户的附加选项。

图 4-30 产品截图

结构三：内容类标签

将当前标签连接到内容区域，就像用标签的几个物理索引卡进行移动一样，既强调了显示面板，也告诉用户选项卡被选中时，只有几个标签。将标签放在标签面板的顶部，而不是两侧或底部，容易导致用户的忽略。标签控制的范围从视觉设计角度而言应该是显而易见的。打个比方，使用标签就像翻阅抽屉里的卡片目录索引卡一样，所以用户必须能够一眼分辨出什么是"卡片"（即标签面板），如图 4-31 所示。

Tab 的使用应该使外观与功能设计相同。一致性对图形用户界面控制设计而言是非常重要的，因为它建立了用户对界面的感知：用户知道如何使用你的Tab，而无须进一步探索。这就意味着，用户可以把自己的全部时间和脑力用于理解内容和功能。很多人认为 Tab 本身没有价值，但其光芒会在不经意间感染你的用户。在设计功能的时候，可以通过做一个快速的 A/B 测试，让 Tab 的设计符合用户习惯。

图 4-31　产品截图

4.3.3　查看更多

"查看更多"按钮像一个链接标签的拐杖，在各类网页及 App 中被广泛使用。作为一个独立的标签，"查看更多"按钮用来帮助用户从下一页了解所期望的内容。

现在很多网站及 App 设计越来越弱化不太重要的信息内容。也就是说，标签及按钮描述更倾向于选择简短、精致的措辞，以保证容易被用户看到。当用户想要获取更多的信息时，他们可以挖掘一个链接或展开抽屉页面，从而获得更多不太重要的内容。无论是点击"了解更多"还是上拉加载都是获得更多信息的方式之一。

"查看更多"按钮有 3 类变形：

（1）使用描述链接目的地的关键字；

（2）保留了解更多的格式并添加描述性的关键字；

（3）将前面的段落转换成唯一的链接 。

图 4-32、图 4-33 所示即"查看更多"的不同形式。

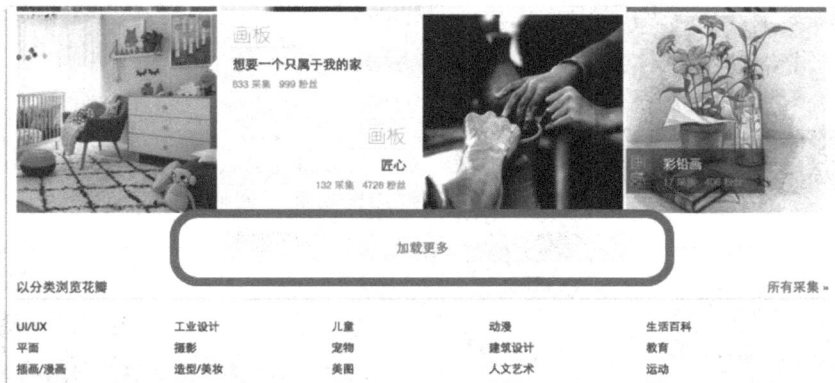

图 4-32　"查看更多"形式一

图 4-33　"查看更多"形式二

由于"查看更多"会产生不确定性，用户不知道自己会获得什么信息，不确定自己点击后获得的内容是否值得等待，这一系列不确定的感觉会导致用户犹豫，不确定性和认知压力对用户体验产生了负面影响，并转变成一种认知紧张状态，有些人可能会常驻页面。

在移动端，无论是 App 还是 Wap，由于其移动屏幕较小，而列表项目会占用很大一部分屏幕，因此通常只有 2 ~ 3 个项目被显示在列表视图布局中，所以用户不得不在移动设备上进行交互（即滚动）或者点击。

对比网页分页处理，App 的用户更加不愿等待页面加载，所以在设计产品的时候，应该尽量避免分页。实践证明，在移动端，无限滚动是获得更多内容展示的有效方式。较长的产品列表在 App 上通常通过自然的上拉行为加载更多的

数据，加载过程根据产品定位给出类似的动画，以降低用户等待过程中的焦虑感，提高用户对产品的体验认知，如图 4-34 所示。

图 4-34 产品截图

如果加载信息模块底部有其他模块展示，处理"查看更多"的行为时，最好的解决方案是在产品列表的结尾处添加一个单一的"加载更多"按钮，让用户选择是否在当前界面展开并加载更多数据。基于移动端屏幕较小的问题，建议在显示"加载更多"按钮之前，在移动设备上加载 15 ~ 30 条数据为佳。

在产品设计过程中，能把"多"的内容管理好，把复杂的内容处理好，就能提升用户体验。从心理学的角度看，复杂的事物更容易理解，简单的事物反倒令人困惑。适当地把复杂的东西让用户操作，也是一种简单化的产品设计方式。

4.3.4 筛选器

泰思勒定律（复杂性守恒定律）告诉我们：每个应用程序都有其固有的不

可简化的复杂性，由用户还是设计者去处理，需要产品经理用心思考。有时复杂仅仅源于那些应该经过过滤的大量信息。产品经理必须按照用户的行为方式来设计，而不是按照自己希望用户应有的行为来设计。

正如诺曼所说："复杂是世界的一部分，但它不应该令人困惑。"好的设计能够帮助我们驯服复杂，不是让事物变得简单，而是去管理复杂。产品经理需要保持"设计者—产品—用户"的合作关系，让设计与复杂共生，使得复杂的内容变得简单易用且交互清晰。在诸多展示大量信息的功能中，"分类筛选"就是一个典型的功能。接下来，我们就来分析几类"筛选器"的交互设计，并剖析其优劣。

第一类：分层级筛选

1. 下拉菜单，浮层模式（目前较为常见的模式）

这类展示模式更适合筛选内容分类较少且分类层级不超过两层，通常情况下标签筛选内容不多于 10 个，同时能在 2 ～ 3 排展示完全的情况。

常见的云盘类、购物类、打车类等 App 如图 4-35 所示。

在筛选内容足够具体化、能高度概括为耦合度较低的信息分类的情况下，建议使用本类筛选交互模式。因为这类模式的信息展示足够直接明显，用户操作步骤较少而且清晰。

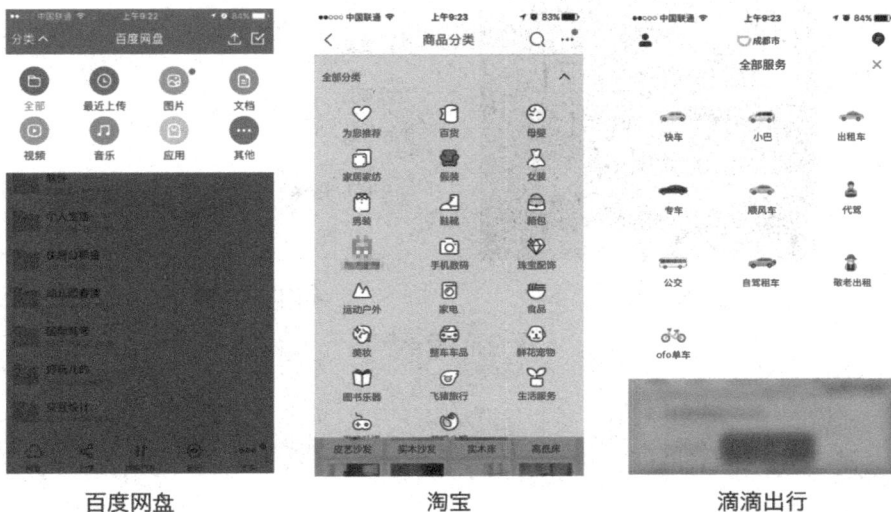

百度网盘　　　　　　淘宝　　　　　　滴滴出行

图 4-35　产品截图

2. 全新浮层，全屏展示

这类筛选器，一般会囊括关键词筛选和同类信息排序。与其分散展现，还不如整合在一个页面，让用户做选择。这类交互模式更偏向筛选的关键词足够简洁易懂，同时有一定的定制思维。通常情况下，关键词的覆盖内容更加贴合产品的核心特点，或者产品经理需要突出展示的某类信息。

另外一种筛选的类型只包括一种方式，即定制化筛选，比如地理位置、定位城市、O2O 的不同模式及优势，与此同时，展示的信息需要不断扩充，或者有计划增加、修改的情况。在上述情况下选用新增一页的模式，扩展性更强，同时也能提升版本交互稳定性。

常见天气类、垂直电商类 App 如图 4-36 所示：

图 4-36　产品截图

第二类：综合性筛选

1. 底部 Bar，抽屉模式

用户习惯性的浏览方式多为"F"形，即自左向右，自上而下。当这些关键区域被头条、副题、热点以及重要文章等核心入口占据时，"筛选"这类重置页面内容的功能放置在底部位置，会显得更加干净，且不喧宾夺主。同时基于对用户操作习惯的考虑，抽屉式的页面弹出扩展性更强，内容聚合度更高。常见旅行类产品 App 如图 4-37 所示。

由于对内容筛选的要求较多，因此需要能高度整合的筛选器，同时因展示的区域普遍较大，信息承载较多，在选择筛选器设计交互形式的时候，通常会使用底部 Bar——抽屉式的展示方式。

携程旅行　　　　　　**去哪儿**

图 4-37　产品截图

2. 新开界面，复合嵌套

当品类多且分类细的时候，通常需要对类别做第一层框架的分类，然后在第一层框架中再进行一次分类，表现形式可以是 Tab 或抽屉收起。

《设计心理学 2》中提到："日常的生活通常是复杂的，但并非由于某个特定活动是复杂的，而是因为有那么多表面上简单的活动，每一个都有它自己的一套特定的需求，把大量的简单活动合在一起，结果就会是复杂和令人困惑的：整体大于它各部分的总和。"所以在大量内容及品类需要展示给用户的时候，产品设计不能过分简单，简单本身不一定是良性的，简单也不意味着更少的功能。较为典型的有百货类 App，如图 4-38 所示：

京东　　　　　　　　　　亚马逊

图 4-38　产品截图

对于不同的 App 应用，应选择合适的内容筛选模式，这对产品经理在交互设计及产品框架上的理解要求是比较高的——如何把零散且重要的信息聚合在一个筛选器中，需要产品经理从产品功能的具体要求出发，在考虑场景化及易用性的前提下，尽量做到合理。

4.4 原则定律

在本章最后，我们把产品设计的一些常用原则结合实际案例进行剖析讲解，以助你更好地理解前几节讲到的交互体验优化的重要性，并再次巩固模式规范，帮助你进一步掌握解决问题的方法。

4.4.1 可用性原则

做产品经理不懂交互设计，就会寸步难行。交互原则多，体验出彩少，要做好产品体验，吃透基本的交互设计原则是基本要求。

4.4.1.1 系统状态可见性（Visibility of system status）

该原则的描述是这样："系统应该总是在合理的时间内，通过适当的反馈让用户了解正在发生什么。"所以应提高产品状态的可视化程度，从而提高用户对自己使用系统过程情况的透明度，图 4-39 所示为 3 种常见进度条样例。

图 4-39 3 类常见进度条

4.4.1.2 系统与现实世界的匹配性（Match between system and the real world）

系统应该用用户熟悉的语言，用单词、短语和概念让用户感觉到熟悉，而不是用面向系统的术语来面对用户。同时按照现实世界的惯例，让信息顺应自

然和逻辑顺序。所以，根据以上原则描述，我们可以得出如下结论，示例见图 4-40。

（1）从用户的角度出发，推荐 Banner 内容，用户可以花更少的时间明了这些滑动的 Banner 是"可能适合我"的课程。产品经理可以在产品的细节处继续使用用户语言来提高用户体验。

（2）根据用户的日常行为，判断用户的偏好，从而做出个性推荐，这一原则用得最多的是购物类、音乐类、阅读类应用。

（3）以用户产品的名字代替"首页"类的词，解决从用户角度体现内容和意图的问题，在细节处使用用户语言来提高用户的体验感。

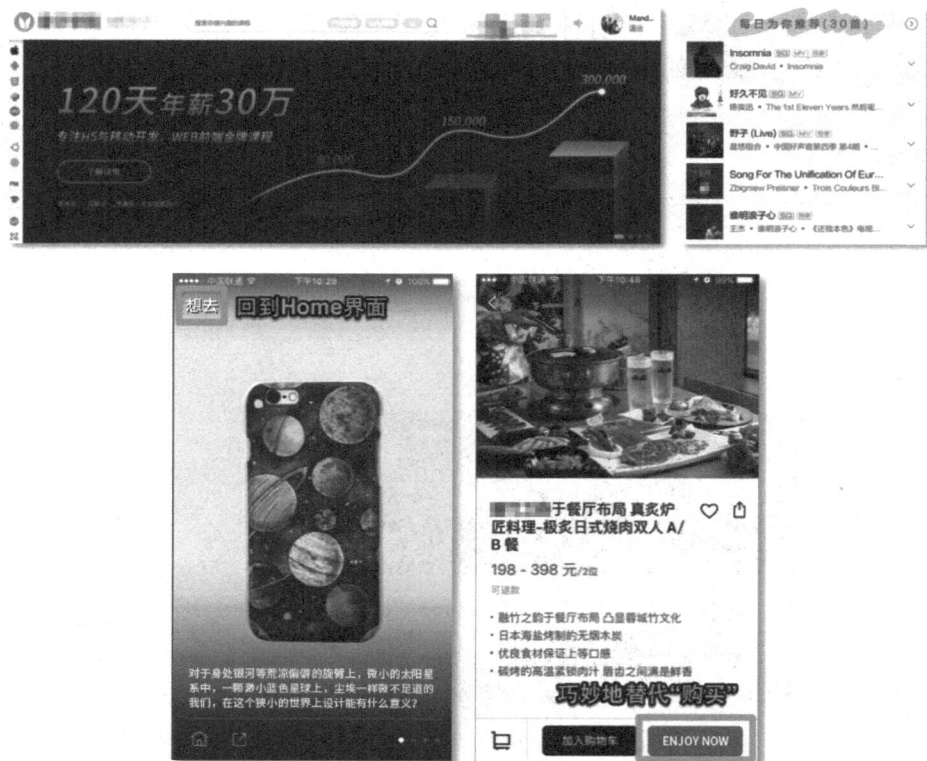

图 4-40　匹配原则

4.4.1.3　增加用户操作感和自由度（User control and freedom）

用户往往会在不经意间选择错误的系统功能，因此产品设计需要明确标明

"紧急出口"的状态或者设置相应功能以规避不必要的操作，比如：支持撤销和重做，如图 4-41 圈中部分所示。

从用户体验的角度来看，自动切换的信息在播放时需要放慢速度，通过内容本身或者配色去调亮引导，以提升用户的操作感。另外，对用户可能出现反悔操作的功能，应该提供撤销和重做的入口，让用户能更加自如地使用你的产品。

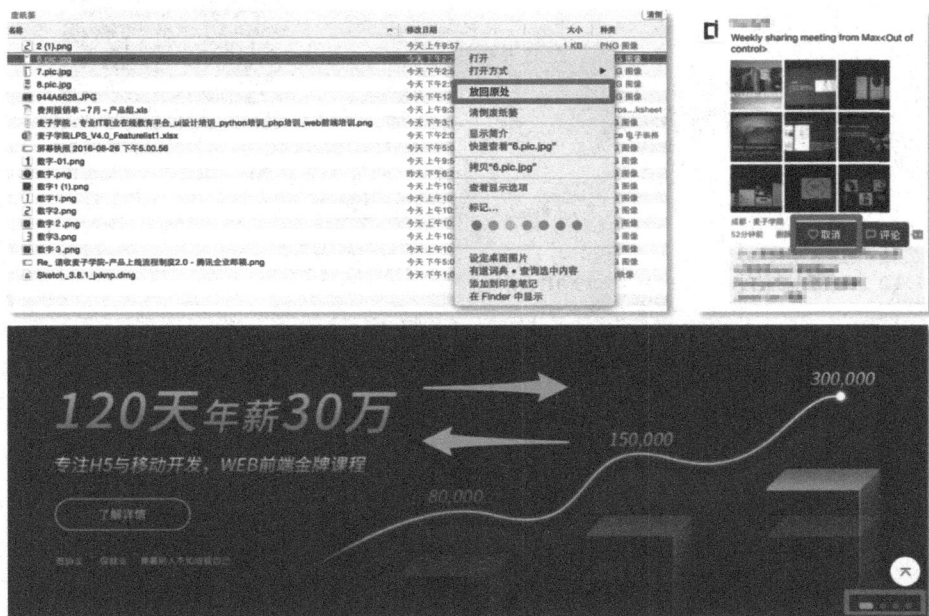

图 4-41　操作感与自由度

4.4.1.4　一致性及标准化（Consistency and standards）

在一个系统或者应用中，用户不仅想知道不同的单词，还想了解同一个功能被展示出不同情况的原因。关于一致性，因其浅显易懂，现在普遍都用得很好；而对于标准化，很多网站或者 App，特别是新的产品，开始通过衍生自己的 LOGO、品牌，充分引导用户，强化用户对自己产品的记忆点，甚至可以根据自己的产品定位，创新一类 icon 等，通过图形加深用户对产品的记忆。例如，有一个叫"想去"的应用，它的设计从 App 的 icon 到内饰都一气呵成，甚至连"登录"都是精心设计的，用着非常舒服，如图 4-42 所示。

所以，适当地给产品拟定标准化的记忆库，不但能让用户感受到你的产品

很走心，也会让用户在不经意间把你的产品记得牢牢的。

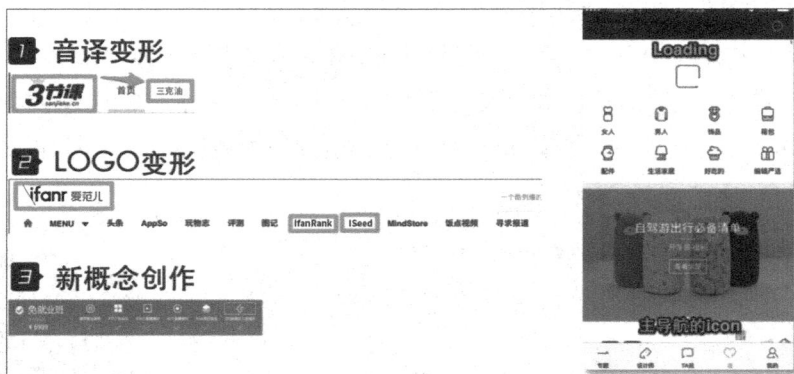

图 4-42　一致性与标准化

4.4.1.5　预防错误（Error prevention）

　　在首次使用系统或者产品的时候，巧妙的设计比及时的错误提示更能弥补产品的不足。最好能在用户进行下一步动作之前，避免低级的错误，让用户的使用过程舒服顺畅。在可能出现错误、空白的情况之前，利用加载的可视化以及比较优美的动态效果、提示减轻用户因失败带来的不悦感，如图 4-43 所示。

图 4-43　加载态产品截图

4.4.1.6　美与简单的设计（Aesthetic and minimalist design）

　　设计不应该包含不相关或不常用的信息，其重点内容和核心元素应该与其

他信息形成鲜明的区别。比如在配色上，可以选择 1 个主色、2 个以内的辅色，构成整个设计的骨骼，用主色告知用户目的与指示。

以上 6 条可用性原则，需要产品经理时刻牢记在心。每一个小细节的打磨都是一次回溯基本原理及原则的好机会，是否灵活运用并烂熟于心，这是需要产品经理用心去感受的。记住：形式是跟随功能的，功能是为满足用户需求的。尊重你的用户，让每个产品的细节都是合情合理的，让每一寸体验都是走心的！

4.4.2 交互设计定律

"交互设计之父"阿兰·库珀有一句名言："除非有更好的选择，否则就遵从标准。"在大型公司，也许你还能分清每个 U（即 UE、UX、UI）所代表的分工。然而在一般创业型公司，一个好的产品经理已经被默认为应该具备所有这些大写 U 开头的素质。不同程度地掌握这些基本素质将成为产品经理立足于创业公司的砝码。

产品经理必须努力掌握这些技能，给自己的产品经理生涯加分。既然是技能或基本素质，我们首先得了解其基本原理是什么，所谓的学科或者专业，能支撑它们的科学依据又有哪些呢？

4.4.2.1 Fitt's Law/ 费茨法则

所谓费茨法则，是指达成目标所要花费的时间。例如，计算时将鼠标指针对准电脑显示器中图示这一动作所需的时间，在这种情况下需要应用费茨法则。向目标移动的动作被称为指向动作，距离目标越近并且目标越大，到达的时间就越短。反之，动作越快、目标越小则越容易出错。同理，作为设计师，要考虑如何让读者视线最快、最准确地获得你要传达的信息。

启示：屏幕的边和角很适合放置像菜单栏和按钮这样的元素，因为边角是巨大的目标，不管你移动了多远，鼠标最终会停在屏幕的边缘，并定位到按钮或菜单的上面。

举例说明：图 4-44、图 4-45 是某职业在线教育平台官网首页改版前后的截图对比。我们可以从对比图看出，改版后的首页把网站的边界区域利用得非常充分，通过边和角的优化，更加突出了产品的核心定位及向用户传达的方向，即"我们是一个在线教育平台，我们这里有很多好的课程，我们很专业"。

图 4-44　改版前示意图

图 4-45　改版后示意图

4.4.2.2　Hick's Law/ 席克法则

这个法则简而言之就是：让复杂的东西变得简单。

举例说明：如果你打算做一个内容丰富、层次结构很多的产品，如商品购买类 App，那所有的分类选项就只能合理分层并归纳选择，如京东、携程、去哪儿 App。这类产品的这部分功能就不太适合运用席克法则；如果你的产品内容已经非常丰富，那么请别再用不太能立刻读懂的文字或者短语去表达你的选择及分类信息，徒增用户的阅读负担，如图 4-46 圈出部分所示。

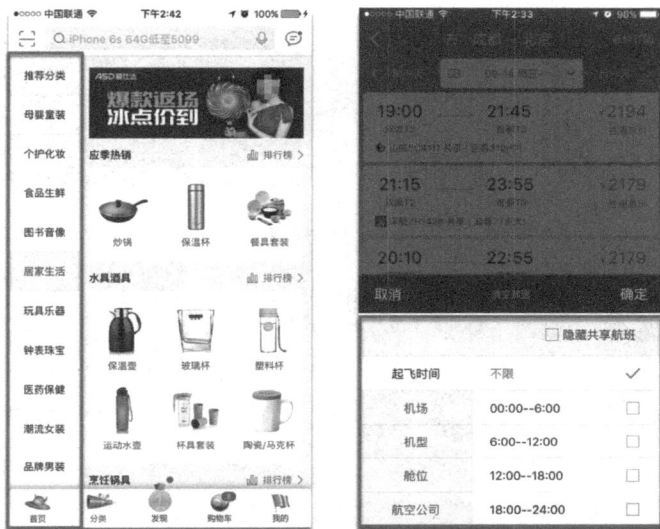

图 4-46　产品样例图

4.4.2.3　Tesler's Law/ 泰思勒定律

该定律又称为复杂性守恒定律。每一个过程都有其固有的复杂性，存在一个临界点，超过了这个临界点就不能再简化了，只能将固有的复杂性从一个地方转移到另外一个地方，现在很多产品使用"查看更多""查看全部""查看详情"之类的文字，将更多的内容从用户的操作范围转移到另外一个地方的情况除外。

4.4.2.4　7±2 法则

我们可以看到几乎所有产品的底部导航模块，从未超过 5 个，所有的内容区块展示也从未超过 5 个；我们的电话号码一般是 8 位数字，不会超过 9 位数字或者小于 5 位数字，如图 4-47 所示。

讲了这么多交互设计中的定律后，你是否已经在反复琢磨：原来我们很多时候做的产品功能都是有科学依据且有严谨的总结的！当然，所有的定律只是支撑你更加自信地实现产品体验的底层建筑。正所谓"经济基础决定上层建筑"，在产品经理这条路上，如果你想要收获成就感，生产出超用户预期的产品，那么你就一定要先花时间"买"到这些定律，让它们成为你的财富，然后在实际工作中"拆"掉它们，做到"心中有时自然有，心中无时自然无"。

图 4-47　产品样例图

掌握了大量定律之后，作为产品经理，还要拓宽知识面，学习如何把控用户心理，成为"心理医生"。接下来，我们就来看看产品经理应该了解哪些心理学知识。

4.4.3　心理效应

4.4.3.1　鸟笼逻辑

20 世纪初，心理学家詹姆斯从哈佛大学退休，同时退休的还有物理学家卡尔森。一天，两人打赌，詹姆斯说："我一定会让你不久就养上一只鸟的。"卡尔森不以为然："我不信！因为我从来就没有想过要养一只鸟。"没过几天，恰逢卡尔森生日，詹姆斯送上了一只精致的鸟笼作为礼物。卡尔森笑了："我只当它是一件漂亮的工艺品，你就别费劲了。"从此以后，只要有客人来访，看见卡尔森书桌旁那只空荡荡的鸟笼，都会无一例外地问："教授，你养的鸟儿什么时候死了？"卡尔森只好一次又一次地向客人解释："我从来就没有养过鸟。"然而，这种回答每每换来的却是客人困惑而又有些不信任的目光。无奈之下，卡尔森教授只好买了一只鸟！这就是心理学上著名的"鸟笼效应"——消费者的消费行为完全是可以被优秀的生产厂商所引导的，一旦想办法让消费者养上"鸟"，他们就会源源不断地找你买"鸟食"。

通常情况下可以在设计中植入"鸟笼"，目的是出售"鸟笼"里的商品或服务，说白了就是免费试用、收费增值服务的思路。这样的产品思路做得最好的就是苹果公司。苹果公司采用的产品战略是：手机本身其实只是一个鸟笼。一部再高级、性价比再高的手机，没有大量有趣实用的软件支持，也不过就是用来打电话、发短信、听音乐、照相的简单设备。可见，人们会在偶然获得一件原本不需要的物品的基础上，自觉或不自觉地继续添加更多自己并不需要的东西。

我们一起来看两个例子。对于喜爱喝咖啡的小资群体来说，每天一杯星巴克太贵，每天坚持手冲咖啡又太累。在这样的强痛点之下，出现了一款产品，它快捷使用、方便清洗、咖啡新鲜、出品稳定。它就是胶囊咖啡机。胶囊咖啡机是一种新型咖啡机，它的最大特点是不能磨咖啡豆、不能使用咖啡粉进行冲泡，只能使用专门的咖啡胶囊。购买了咖啡机以后，咖啡胶囊就会成为持续消费的物品，有了载体之后，改变快消品的品类及营销方式，持续刺激咖啡爱好者的需求，并不断改良产品的符合度即可。

另外一个比较好地利用了鸟笼逻辑的产品就是小米手机。小米手机的特色并不限于让人羡慕的硬件配置，而是花费了大量人力、物力、财力所推广出来的铁人三项：MIUI、米聊、小米商店。凡是购买小米手机的用户，今后一定会使用米聊这样的智能手机语音聊天工具，同时 MIUI 也会成为用户为之发烧的一个切入点。这样的生态系统必然会让消费者为之迷恋，并持续付费。

除此之外，鸟笼效应放在企业中也可以说明很多问题。对整体而言，它可以说明企业的战略应该和能力相匹配，很多时候应该"顺势而为"，企业有什么样的能力、什么样的资源，往往就决定了其战略的大方向。对于企业如何利用鸟笼效应获得更大的价值，我们将在第 6 章进行详细说明。

4.4.3.2　福格行为模型（BJ Fogg's behavior model）

图 4-48 所示为福格行为模型（BJ Fogg's behavior model），这是一种有效探寻行为原因的模型。根据这个模型，当一个具体的行为发生时，必须同时具备 3 个元素：（给用户足够的）动机、（用户有能力完成转化的）能力和触发器（需要有触发用户转化的因素）。这个模型假定只有当一个人有足够的动机，并且有能力去做到（比如，他想吃饭并且他有一碗饭），同时有一个触发器来提醒的时候，一个行为才最有可能发生。比如，饥饿唤醒你寻找食物的动机，中午 12 点有一个宴会，也是提醒你要吃饭的触发点。

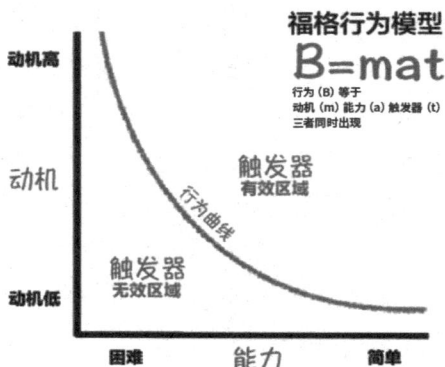

图 4-48　福格行为模型

所以，产品最核心的部分就是触发点，触发点有两种表现形式：内在触发、外在触发。内在触发即用户使用产品的内在动力，或者叫作核心痛点。要想改变用户的行为，必须先理解他们从哪里来，什么能给予他们动机来改变行为。比如肚子饿了，不想出门吃饭，那么就需要有大众点评、美团外卖等产品；又如想拍照，但并非每个人都是 PS 高手，所以需要美颜相机等产品。也就是说，当用户从一个 App 中不断获得好的体验时，其内在的行为触发点就出现了。

当内在触发类的产品满足用户基本需求之后，外在的行为触发才是突显好的产品体验的方式。如果一个用户通过外在触发收获了一次好的体验，那么未来他使用该产品的次数就会增多，如此往复，就会形成习惯模式。能给用户带来好的体验感的外在触发，一般有邮件、推送、短信、提示 / 提醒等。在特定的时间甚至特定的地点推送通知消息，将用户的注意力吸引到你的产品上，将变得空前容易。然而产品经理必须理智使用向用户推送通知的这个功能，以免用户把它们当作干扰而关掉它们。

虽然大量的提醒使 App 的用户们感到厌烦（并且卸载率会急剧上升）的现象是很难避免的，但是符合用户同理心，在恰当的时机通过外在的触发，融入场景过程的使用，还是能够让用户感受到来自产品的关心和帮助，以此提高产品的使用率。比如一些权限获取、消息推送，用得好会给用户贴心之感，用不好则会让用户感觉被打扰，结合本模型，我们将在 5.6.3 小节具体举例说明如何巧用权限获取这一触发点。

另外，不同的用户其能力等级、偏好的触发器也不同。为了设计一款成功的产品，产品经理需要为用户整合这 3 种因素，并且充分了解目标受众。任何 App 只要能帮助用户增加和他人的连接，都会获得认同。比如，在首次使用一款产品的时候，通过注册、登录这么简单的流程，给用户一次好体验，让用户第一时间爱上该产品，就是一种符合不同触发条件的策略。用户注册后，开始使用你的产品，但是你似乎无法留住他们足够长的时间，你现在要处理的是持续参与挑战。如何让使用你产品的用户，一步步经历掌握、构成习惯和模拟，来形成真正的内在动机，即持续地参与。奖励机制是提高用户持续参与的良药，在产品中设计适当的挑战，在产生焦虑或无聊间细心地保持平衡，就会让用户产生并持续保持高涨的积极性，不断使用你的产品。

除此之外，如果能利用视觉、动画、交互给用户一次愉快的产品体验，将会是更加丰满的回忆，让用户记得该产品，习惯使用，并投入时间享受，这才是产品设计最迷人的地方。与视觉、动画、交互相互辉映的最有效且最友好的吸引用户的方式，是社交激励。人都有获取他人认同的强烈欲望，社交是获得社会认同感的方式。所以，一个产品的外在触发最关键的动机就是社交激励。从身边朋友驱动使用，可以较好地刺激用户的习惯养成。

内在动机存在于用户的内心，可以通过引导式设计模式来促进它的放大。引导式设计模式可以用来说服用户注册某产品并开始使用它，但产品经理只能为了正确的、有参与的、持续性的使用去促进内在动机。综上所述，设计一款让用户"上瘾"的产品，至少做好如下 4 个步骤：

触发（内在、外在）——行动（接触、使用）——多变的激励（社交激励、游戏机制）——投入（形成习惯）

综上所述，为了理解用户行为驱动背后的原因，我们需要了解相关的心理学知识，这一点也是产品经理必须具备的软技能之一。结合用户体验去设计产品能有效改变用户的行为，同时结合用户体验和心理学来鼓励用户改变他们的行为，是一种成功的策略，值得产品经理学习并掌握。只有深刻地了解用户以及他们如何使用产品，才能够去打造一个有效的并且能传递价值的设计。

4.4.3.3 心流理论

心流理论的核心是指人在技能与挑战匹配时才能达到心流状态。其中心流体验即为沉浸式体验，也可以视为一种专注。当你内心有一个积极的、清晰的

愿景，并且相信自己能够实现它的时候，就能够产生这种心流。比如当你沉浸在一本书或一首歌曲中，专注忘我的感觉就是一种生活中的心流体验。如图 4-49 所示，X 轴和 Y 轴分别表示技巧和挑战。当你刚接触一个产品比如一款游戏的时候，会觉得每一步都非常新奇，这时候你就处于 A1 状态，随着闯关次数的增多，逐渐失去新鲜感之后，你会焦虑是否还有更高阶的关卡可以突破，这个时候就进入了 A2 状态。待你花了一周时间终于突破了一个高阶关卡以后，又开始觉得游戏乏味，于是你进入了 A3 阶段。当你继续闯关达到一定级别，后续的进阶都能得心应手，并在群体里获得一定的赞美之后，你就逐步进入了 A4 状态，A4 是比 A1 更能让你有沉浸感的阶段。这时候你就能体会到心流体验的美妙。

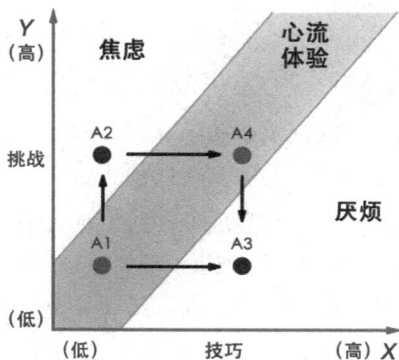

图 4-49　心流理论

通过以上解释，我们首先要明确解决心流问题的大前提：动机。它决定了心流的产生。在此前提之下，如果需要用户拥有沉浸式（心流）的体验，必须做到这 3 个关键点：用户在体验过程中有非常明确的目标，比如购买、通关；对用户的交互行为有即时的反馈，最好让用户觉得其任何行为都能得到回应；需要给用户设置一些困难，让用户找到能力与挑战的匹配点，从而通过设计来提升用户的能力。做产品的高阶就是让用户能在你的产品中快速进入心流状态，并持续产生心流体验。

4.4.4　童话般的心智模型

心智模式又叫心智模型，是指深植于人们心中关于自己、别人、组织及周围世界每个层面的假设、形象和故事。它深受习惯思维、定势思维、已有知识的局限。心智模式通常也指人们一种习以为常、理所当然的认知。最接近用户心智模型的就是用户调研——调研用户在使用一个或者多个产品 / 服务的过程中的感受，包括物理感受、心情感受，短期或者长期感受。

其实，从马斯洛需求层次理论角度来看，功能算是基本的"生理和安全"需求，用户体验属于较高级需求。功能是根本、基石，用户体验则是在此基础上发育、生长、进化过程中所带来的心理满足感和愉悦感。用户体验的核心和本质就是研究人在特定场景下的思维模式和行为模式，然后顺应和利用它。从最基础的交互环节到更高层次的情感设计，再到最高的层次"人物合一"，最终实现满足用户需求，超出用户期望的目标。

所以，UX（user experience，用户体验）中有很多定律和知识是与童话故事不谋而合的，记住了这些童话故事，就能更加轻松地理解 UX 的知识点。

4.4.4.1 豌豆公主

心智模式：心智不会改变，用户一旦对某产品形成认知，以后将很难改变。

微信 v5.2 中，界面顶部下拉拍照功能曾一度被用户吐槽。这个功能之所以有那么多用户不喜欢，或者觉得多此一举，究其原因就是用户已经被 Feeds 流类型的产品培养出了一种习惯，自然而然地将界面顶部整体下拉这个动作与内容刷新映射到一起了。所以当用户习惯一种预期后，一些改变就会让他们感觉不适。

4.4.4.2 糖果屋

心智模式：人的大脑一般只会记忆有限的信息，而且是有选择性地记忆。

网站的面包屑导航、移动端的导航，都是让用户产生清晰路径的关键点。面包屑导航是现在网页设计的一种重要方式，尤其对于那些必须将内容分成栏目和子栏目的大型网站。面包屑导航服务于 3 个主要用途：定位、导航和让用户安心。它通过网站结构来告诉用户他们现在在哪里，然后用超链接让用户能够返回之前的位置。

4.4.4.3 金发女孩和三只熊

心智模式：现在的信息太过泛滥，人们被迫对信息进行简化归类，运用经验性的常识来作判断，把与已有认知不符的信息统统滤掉。

以京东到家 App 为例，如图 4-50 所示：如果我们在网上销售服务或者产品，突出其中一个锚点有助于提供信息环境和重点，鼓励用户去选择特定的选项，

以完成业务目标。

对于超市类 App，用户的使用习惯是先找到需要的产品，放入超市购物车，然后统一付费。沿用用户在现实中的习惯，移动端的使用也应该让用户保留这样的体验，把"加入购物车"的优先级高于"去结算"，给用户一个付费前的缓冲。将"加入购物车"作为吸引用户眼球的强操作，同时利用"去结算"辅助"加入购物车"。

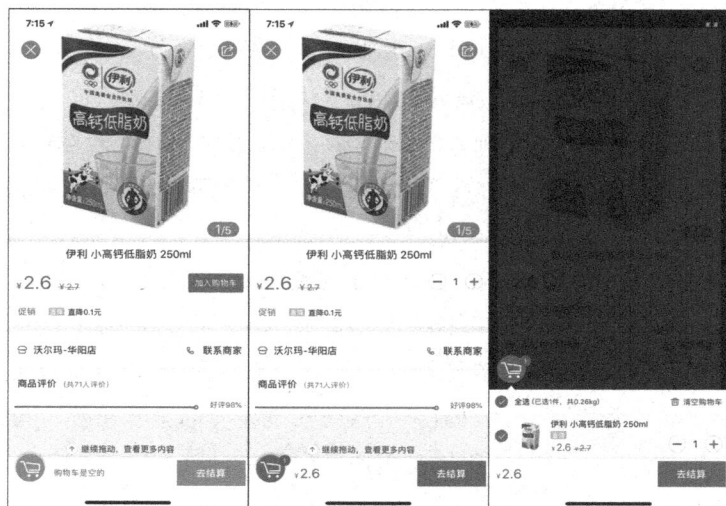

图 4-50　京东到家 App 购物详情页

与京东到家 App 不同，淘宝、网易严选 App 的购物详情页如图 4-51 所示。用户对直接购买或者放入购物车已经没有太多明显的习惯，由于商店的产品多样化，且单价不同，用户的习惯也不是一成不变的，所以突出购买，把加入购物车作为可以被选中的额外选项也是比较好的体验设计。如果额外的选项被选中了也没有关系，不过它们在页面中的主要作用是为了支持和强调明星产品。

本章我们从交互设计原理、原则、定律、心理效应等角度全面分析了产品设计过程需要注意的方方面面。第 5 章我们将进入实际操作，理论与实践结合之后，相信你一定能真正做到学以致用。

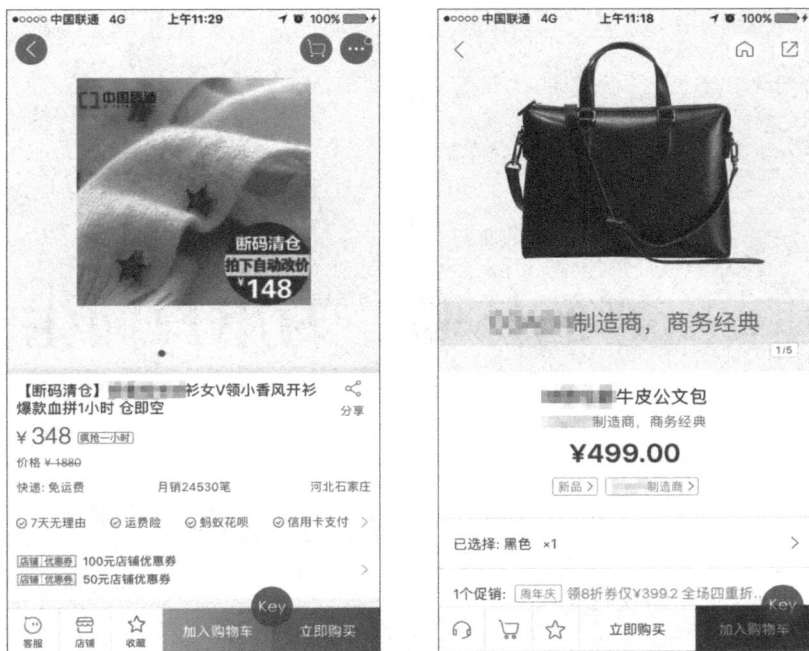

图 4-51 淘宝 & 网易严选 App 购物详情页

第 5 章 好的体验，为用户而生

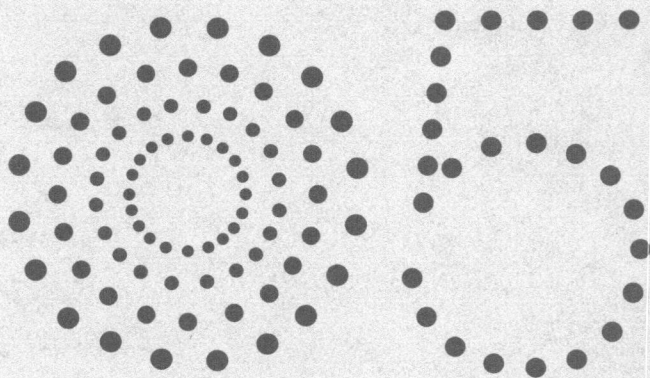

产品体验包括用户体验和产品设计。其中，用户体验是帮助产品经理更好地理解用户的方式，是保证产品经理在千变万化的用户反馈中找到核心需求的依据，也能帮助产品经理更好地整理与完善产品细节。给用户积极、高效的体验后，他们才会持续使用你的产品，并每次都"按照正确的方式执行"。

好的产品能通过满足用户某方面的需求来赢利，并促进更深层次的产品体验，从而帮助用户提高生活质量，提高工作效率，改善人际关系，等等。最初的微信版本中，朋友圈看不见好友回复别人的状态，所以经常会看见一个人在那里自言自语，改版后体验丰富了很多。可见，具备良好体验感对产品多么重要。所以，一流的产品经理要既有大局观、大视野，同时还要有对小细节的把控能力，这样才能做出有良好体验的产品。

5.1 为"细节"而设计

细节会出现在产品设计的每一个场景，虽然只是完成一种功能、一件事情，也可以妙趣横生。当我们找出用户目前正在使用的功能后，就可以找到一种方法，通过细节的处理使用户能更方便、更高效地完成正在处理的事情；当我们发现用户使用不喜欢的功能但又不得不用时，就应该通过一些细节的处理，使用户不再使用自己不喜欢的功能，或者至少应该使这些功能变得有趣一些。

当你考虑如何设计一个细节的时候，不要将它视为一个单独的动作或者任

务，你要思考的是你要打造什么样的用户体验，如果要实现它需要如何改变界面。图 5-1 所示的苹果系统的闹钟 App 就是一个简单而且直观的例子，通过每个细节简化使用场景，让用户在设置闹钟的时候，无须过多思考，且不容易出错。其中"重复"设置就是一个非常精致的设计，当你连续选择周一至周五时，"重复"模块会自动识别为"工作日"。对于上班族来讲，这一贴心的设计会让我们在设置结束后，觉得闹钟很"懂"我们。

图 5-1　产品截图

可见，细节并非承担着单一的作用，它通常会担任多个角色。有时候你无法准确表述，但是它确实始终在增加着交互的参与感。细节可以是产品的组成部分，也可以是整个产品，包括文案、动画、设计、交互、配色、通知等。产品设计得好坏，取决于产品细节设计得如何。这些极小的细节能给用户很贴心和精致的感受。处理好细节是成就一个项目的关键。细节处理是设计中无法忽视的重要组成部分。

我们可以看看图 5-2 所示的几个例子：

多看阅读 App 会将最近阅读的书籍放置在书架首位；

ZAKER App 会将已阅读的消息置灰；

星巴克 App 会在刷会员卡的页面，点亮界面。

图 5-2 产品截图

在诸多设计细节中，留白、动画这两种是我们接下来要重点讨论的。前者是四两拨千斤，后者是慢工出细活儿，都值得我们细细品味。

5.1.1 让"留白"更自然

恰如其分的留白在设计中的意义，已经从原来的增加信息，慢慢变成了减少信息。其目的很简单：突出界面中的重点。

通常情况下，人们认为相邻物体必然相关，那么我们在设计时就应该实现：无关内容间距要大，相关内容间距要小。如果想使用线或框分隔内容，先尝试能否只调整间距就能达到效果。现在的很多设计已经趋向于简化操作，将细节的体验融入复杂的功能，简单直白是关键。直白的语言、清晰的字体、鲜艳的色彩、结构化的设计，这些都比过度装饰要强得多。例如想去 App，如图 5-3 所示。

5.1.2 让"动画"更添彩

现在很多产品设计都会利用动画去提升产品体验。从开机引导到功能操作，都充分利用了动画去合理体现产品的特色。当然，动画也是一把双刃剑，我们在努力提升产品体验的同时也应该考虑性能，在体验与性能二者之间博弈，动画这个细节的处理是最能体现产品经理功底的。

图 5-3　想去 App 产品截图

　　当手机滑动成为用户熟悉的操作后，利用最本能的操作去实现常见的行为，利用预知的感受帮助用户减轻操作的思考，降低使用的成本，已经成为产品设计的趋势。图 5-4 所示是 QQ 邮箱的回复功能，用户只需要轻轻地下滑屏幕，就会出现一个大大的内容填充框，一个简单的下拉动作即可完成回复邮件这个核心的工作。

　　细节无处不在，只要用心做产品，利用好工具和方法，收放自如地运用小细节去实现大体验，就会让产品经理的设计工作更有成就感。细节能够提高我们的生活品质和使用体验，一旦生活中缺少了细节设计，我们就会发现，原来这些小小的改动是如此美好。

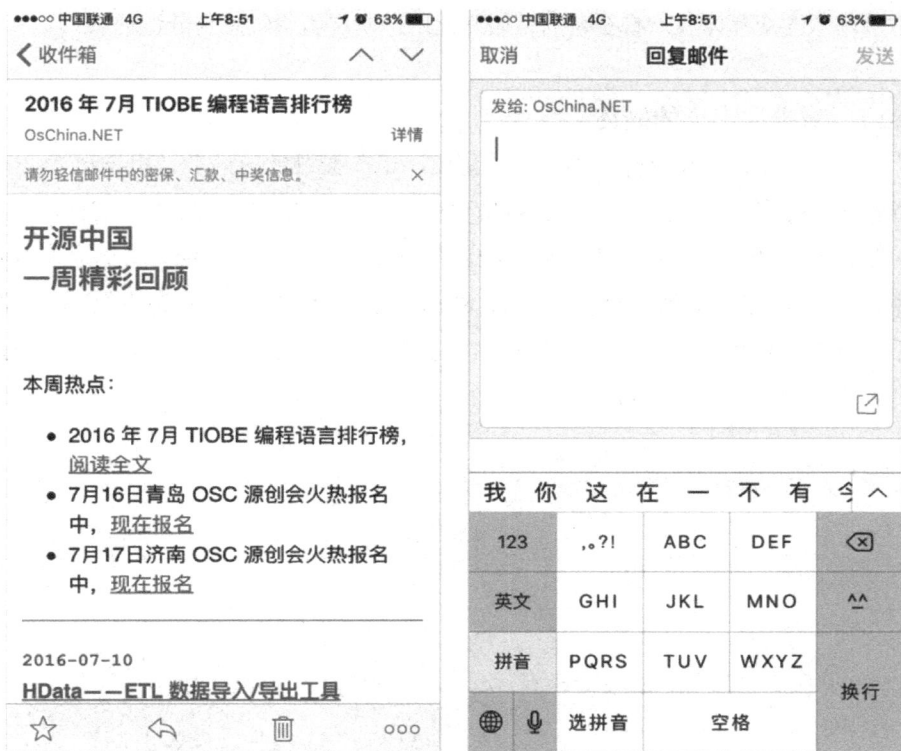

图 5-4　QQ 邮箱产品截图

5.2　让"设计"更精致

　　最好的用户体验即用户不必刻意，就可以感受到通畅、简单的产品功能。其实，产品经理是通过数百个关键的设计决策来弥补及优化很多复杂的问题的。如果我们在做产品体验设计的时候，很好地完成产品应该做的事，那么当用户开启 App 进入使用时，就不会注意到太多不完美的功能。

　　在开发一个 App 后，往往需要花费大量的时间和资源来吸引用户。因此产品经理在产品设计阶段就要考虑使用各种各样的方式，包括广告、内容营销等，把用户带入你的 App。但是当用户最终下载一个应用程序后，他们有时会觉得 App 并没有为他们带来有用的价值。所以你必须清楚地向用户展示为什么要选择你的 App，给用户提供第二次机会进一步了解你的 App。接下来，我们细数一

下最基本的交互体验，看看它们是如何让用户初次运用就感到舒适的。

5.2.1　减少文字类的描述

在用户下载一个 App、第一次使用时，最先接触的应该就是引导页面。引导页是 App 给用户的第一印象，就像自我介绍。在用户首次使用之前管理用户预期，如果能激发用户探索的好奇心就更好了。引导页应简洁，突出应用或者服务的卖点，以加深用户的第一印象。太多的文字会留给用户"只说不做"的印象，不能直观地展现 App 的优势，少量的文字与具有情怀的图片相互衬托，足以达到表意的目的，如图 5-5 所示。

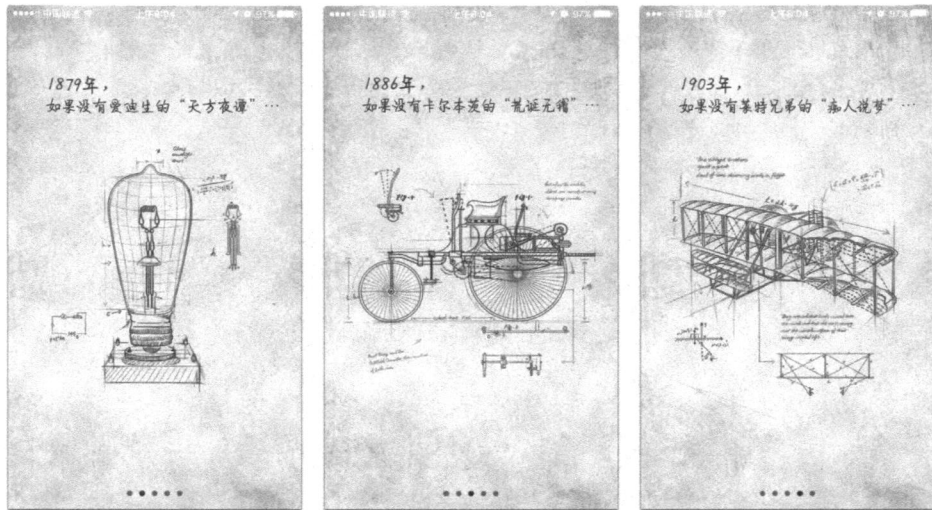

图 5-5　产品截图

5.2.2　在合适的时机出现

很多 App 会在用户初次使用时直接以弹框形式索取权限，这确实是最简单的实现方式，但被拒的可能性也最大。另一类 App 会在询问用户时通过一些小技巧引导用户点击"允许"，如图 5-6 圈出部分所示。这种方式的实现成本不会比第一种高出很多，但获取授权的概率会增大。还有一种 App，会等用户用到相关功能时再询问，更友好的情况是询问的文案不会让用户感到是在索要授权，而是提醒用户有好的功能可以使用，让用户认可你的建议后，再决定是否授权。

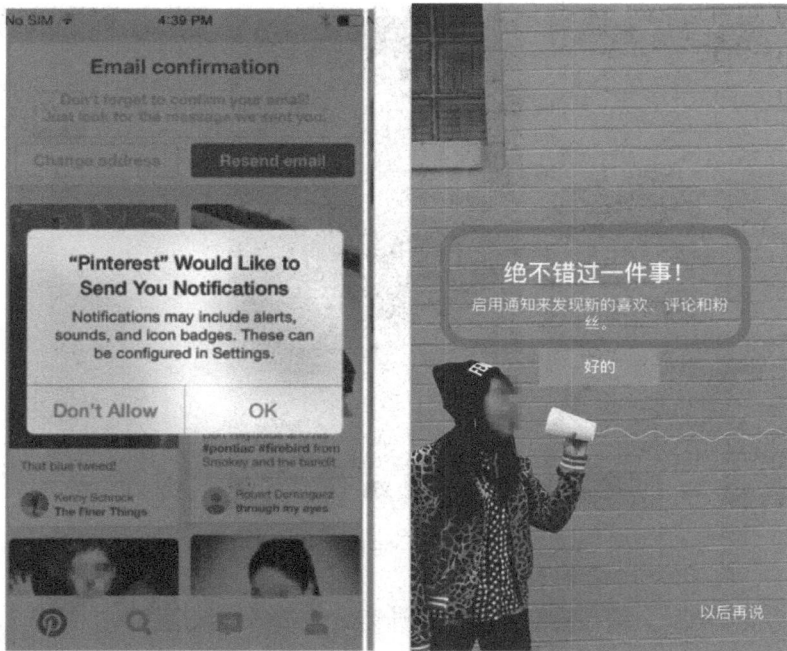

图 5-6　产品截图

5.2.2.1　不断激励用户使用

互动是最简单且最直接的激励，用户会因为产品给他带来的互动行为，给予留存或持续付出贡献。要想让用户使用你的产品并产生黏性，就要使用户每次登录的时候，都有事可做。

5.2.2.2　让用户能边学边用

如果一个 App 很难使用，用户就会迅速离开；如果一个 App 未能明确说明用户可以通过它做什么，他们也会离开；如果用户在一个 App 上迷失，他们就会离开；如果一个 App 的信息很难阅读或并不能回答用户的关键问题，他们也会离开。电商 O2O 行业有个定律："如果用户找不到产品，那么他们也就不会购买你的产品！"因此产品经理需要通过适当的激励引导用户进一步探索——可以考虑加一些趣味化元素，让用户迫不及待地参与互动和学习，如图 5-7 所示。

5.2.2.3　停下脚步倾听用户

交互设计是为沟通和交互而设计，较少的用户会考虑界面或设计。大量试验证明，在产品被使用的过程当中，用户考虑更多的是如何专注于产品以完成

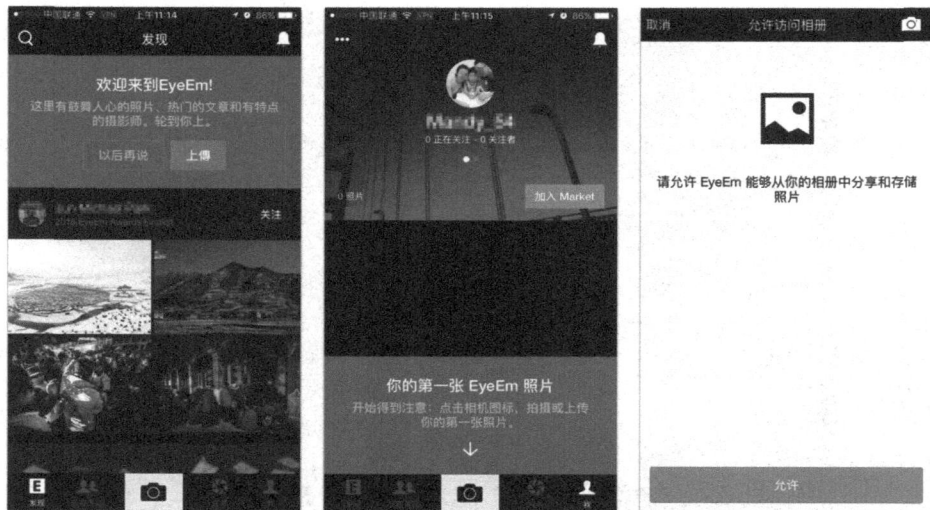

图 5-7　EyeEm 产品截图

自己的预期目标。简而言之，交互设计要做的事情，就是让两个系统之间更好地 "对话"。因此产品经理在设计自己的产品时，目标就是给用户一个直接的路径，通过良好的交互设计扫清使用中的障碍，让用户实现他们的期望。

　　产品经理在日常工作中需要花大量的时间来梳理交互，打磨体验。无论我们面对的产品定位是什么，在一个合理的设计当中，任何元素都必须是有意义的、经过考量，且有益于这个产品愿景的。要让用户喜欢你的产品，做好产品体验是最有价值的事情。

5.3　让用户快速爱上

　　在上一小节我们简单地提到过"在合适的时机出现"这个交互细节打磨点，本节我们继续沿着这个点，剖析一些常见的交互细节及案例。

5.3.1　授权提示

　　当用户下载了你的 App，经过引导页、注册 / 登录后，就开始进入 App 的使用阶段。在慢慢接触的过程中，人和机器之间会产生各类交互与沟通，互相会有意无意地提醒、告知对方自己的习惯，让用户在安全范围内舒适地使用 App。对于 App 来说，在合适的时机做合适的事情，提醒和引导授权就是一类需要抓住合理时机的功能。这里的合适指：既能确保告知到用户，又不打扰其正常体验。

　　App 系统设置中的权限请求的出现时机非常重要。现有的 App 中做得较好的有两类：一类是把提醒及授权分拆到对应的功能中，当用户使用时再提醒开启，而非一进入应用就频繁弹出，打断用户的正常使用，如图 5-8 所示。

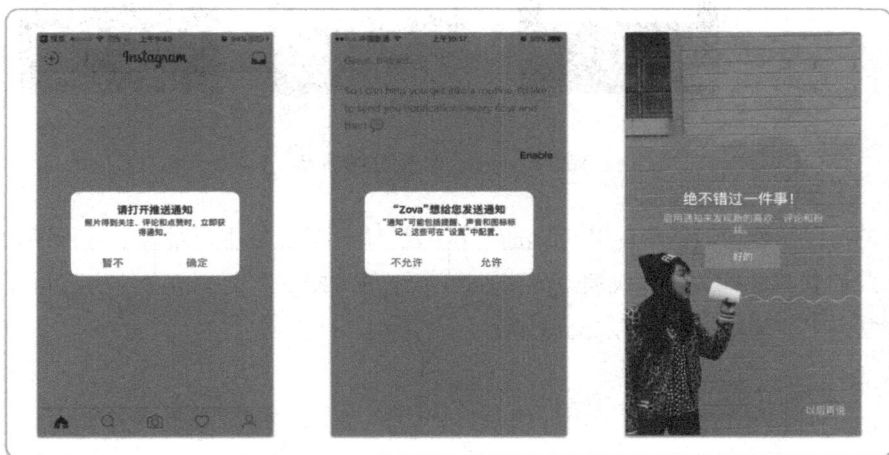

图 5-8　产品的提醒及授权功能

　　另一类则通过更讨喜的体验，把相关授权以列表形式引导用户逐一激活，如 Faceu，如图 5-9 所示。

5.3.2　好评弹框

　　应避免首次使用或者每日首次打开时弹出评分框，因为用户对弹框从本能上是拒绝的，如果你的目的是希望用户对弹框内容进行付费，那么就要尽量避免直接的情绪干扰。如果有多余的精力，我们可以对于弹框界面的设计花费一些"小心思"。比如在用户需要帮忙的地方，当用户需要吐槽或遇到使用困难需要反馈的时候，把评分的功能融入其中，加入一些有意思的小细节，这样除了能够提升用户的好感度，还能够降低使用者对于此种强制评价机制的反感程度，顺着用户的情绪去完成原本枯燥的评分工作。

　　同时，在技术团队支持的情况下，可以分用户做评分弹框的机制设计。简

图 5-9　Faceu 的产品授权提示

单的可以是通过数据筛选出活跃的忠实粉丝，并引导这批用户对 App 进行评分，由此而获得的评分较为优质。如图 5-10 所示的"Keep"的一次升级提醒页面就非常友好，能提升用户的点击欲望。

5.3.3　升级提醒

在软件升级功能中，一般分为强制、提示和静默这 3 种。静默一般仅以红点或字样显示，干扰最小。强制一般是在重要升级、停止旧服务或改了致命 bug 时，期待高转化率而启动以实现升级，否则无法继续使用；或者当有特色功能更新时，希望用户使用，那么就需要用户升级更新后再体验。对于强制类的升级提醒，由于弹框是无法避免的，因此只能通过修辞的渲染及视觉的美化，尽量减少用户的不悦感。

对于升级提醒类弹框，文案一定要简洁明了，意思明确且简单是最好的。另外，需要了解用户操作的路径，按钮设计要突出。

5.3.4　图片分享

iPhone 的用户应该知道，通过手机右侧的锁屏键 + 小圆键 (HOME 键) 可以快速实现 iOS 屏幕截图，截取的图片会自动保存到相册中。基于这个常用行为，我们基本能判断用户接下来要保存图片，那么是否可以衍生到用户需要分享图片呢？能否利用这个常见的操作，提供图片分享类的功能引导，为用户提供分

图 5-10　产品截图

享图片的便利方式？现在很多 App 已经在尝试利用人机交互的体验，挖掘用户的痛点，给用户开辟分享的渠道，如图 5-11 所示。

图 5-11　产品截图

5.4　减少用户等待

　　基于用户正确的操作行为，产品提供的反馈能否给予用户情感上的满足？这对产品中的一系列反馈机制提出了更高层次的要求，同时也对设计师提出了更高的要求。

5.4.1　可见性反馈

　　反馈和交互意味着通过合适的反馈以及和程序之间的交互让用户时刻知道现在发生了什么。产品经理在设计需要等待的功能时，应该为用户提供反馈来说明在这段可接受的时间内，应用正在运行什么，尽量不要让用户去猜想。虽然在技术上有一定方法能够加快程序的响应速度，但是更多的程序往往需要用户在某些时候等待一段时间，别无他选。产品经理必须要了解：合理的可见性反馈会影响用户的心理感知。

　　在反馈的各类模式中，数字是最为直观的表达形式，由数字衍生出来的交互设计如图 5-12 圈中内容所示，都是在产品设计中非常常见的告知用户需要等待的提示。

图 5-12　App 中等待提示举例

进度条：通过确定性的表达，比如百分比从 0 到 100% 递增而不减少，用最直接的方式告知当前情况与最终结果态之间的差距。

倒计时：避免在不太确定的时长中让用户盲目等待，应该用最直观的方式告知用户还需要等待多久。

5.4.2　友好性提示

席克定律曾这样描述：过多的界面元素实际上阻碍了决策（因此也影响了目标的完成）。时间远非线性的过程，因为随着时间的流逝，所有交互都会发生。

图 5-13 所示为淘宝注册页面，它结合表单引导和进度条是个很不错的策略，改善了体验的步调。注册一个新的用户账号所需的冗长过程被分为 4 个可掌控的步骤。用户也能看到它们的进度到了什么程度，这会激励他们继续操作。节奏与效率关系不大，更多是用户对体验是否感到舒适——既不会使他们负担过重，也不会减缓他们的操作速度。

图 5-13　淘宝网页版注册、登录流程

再举一个例子来描述友好性提示，图 5-14 所示为百度 App 搜索结果页。通过用户的实时输入，同步响应内容的检索，让用户每一次敲击键盘的行为都得到回应。这样的体验能让用户感觉自己在直接操纵这个系统，就像使用真实的工具一样。除了结果的视觉呈现之外，不需要任何反馈。

图 5-14 百度 App 搜集结果页

5.4.3 转移性响应

当遇到一些不可避免的复杂过程，不能缩短时间或者提前预知步骤时，合理地转移用户的注意力，也是减轻等待所造成的反感的一种方式。现在通常的做法是用漂亮的预加载动画效果，让等待变得好玩一些。

还有一个比较常见的处理机制，即大图加载处理。对于需要大图加载的情况，可以先加载一个低质量（较低分辨率）的图片，然后在用户使用过程中，后台慢慢加载出清晰的大图。用视觉转移的方式分散用户等待查看清晰图的烦躁。在设计产品时，要尽量缓解用户的焦躁，增强用户的期待值不失为一种好方法，这就是转移性响应的本质。

5.4.4 小结

在一个信息爆炸的时代，对产品的每一个细节的打磨，都会让用户享受到不同的体验，而且在产品设计过程中，绝大多数的交互体验都是微小而不引人注意的，但是如果能将其挖掘出来，提升用户对产品的参与度，进而提升用户的存在感，那么离用户爱上你的产品就不远了。

通过减少等待时间从而缓解用户的负面情绪，用好的交互体验有效地降低用户的抱怨程度，让用户不用思考，就能完成相应操作，这就是好的交互设计的目的。通过一些小小的"等待"机制来降低对用户感知的干扰，用心做好产品，让用户更"爽"一些。

5.5　重点关注首屏

要想在第一时间抓住用户的视线，需要在产品的首页首屏放置整个界面中最显眼、最突出的内容，传递出企业的品牌理念、形象、故事，直接明快地表达产品的定位，掌握用户的目标！

5.5.1　报纸的折痕 —— 移动端的首屏

Feed 是一种数据格式，用于给（订阅的）用户提供持续更新的内容。Feed 发布的内容包括文字、图片、视频，或者几者兼容。Feed 的核心是内容，其次是内容产生的时间、内容产生的地点、内容的发布者、分类（Tag）。

Feed 其实就是讨论内容和所有元信息组合之后如何组织并展示。根据产品的不同定位，Feed 的模块拼接顺序也不同，不同的 Feed 组合解决的问题主要包括两个方面：应该展示给用户什么内容，内容应该如何排序。

类比真实环境中的 Feed，我们可以联想到纸质报刊。在报摊上我们经常可以看到琳琅满目的报纸层层罗列在一起，售卖者通常会将报纸折叠起来，露出最明显的首页展示给读者，以让需要购买报纸的顾客，快速扫描到当日的热点新闻和头条，并迅速做出购买的选择。

如图 5-15 所示，折叠报纸是为了在有限的区域放置更多的报纸，但你是否发现，报刊的排版人员会研究折叠的位置，让核心内容曝光至露出的版面，把次要内容隐藏至折叠的位置，达到"首屏效应"。

类比报纸的折痕，在移动产品中有一种概念叫作"首屏效应"，移动端的屏幕大小有限，首页首屏又是极其核心和关键的界面，它能第一时间传达产品

的定位和品牌，同时最大限度地决定了用户是否愿意停留并选择继续使用。

头条、热点直击　　　　　　　广告、热推置顶

图 5-15　折叠的报纸

智能手机的首屏未来会和网站首页或杂志首页一样炙手可热，并且有强黏着力的 App 会越来越具备主入口的价值。多图片、多链接的页面设计趋势是由多个客观原因造成的：文字本身的特点、读者的阅读习惯等，都是形成 Feed 内容多样化的原因。其中，对于电商类产品而言，首屏是广告和推广位的最佳区域，合理利用首屏 Feed 的拼接，才能让最好的东西被用户看见。

与报纸相比，在移动互联终端，我们最先想到的就是新闻类 App，Feed 较之 Timeline，更强调新闻呈现。所以，众 App 都会在首页首屏花大力气，尽可能让自家的产品足够独特，受用户喜爱。结合一定运营策略的实施，经过筛选和编辑后的新闻内容对读者而言更有价值。1/3 屏的大 Banner，就是利用高清的图像，最短时间内抓住用户的注意力，引导其进入沉浸式阅读。

图 5-16 所示的几款典型案例，不约而同地根据自己产品的定位做了首页首屏的设计，放大重点新闻的展示，在一定程度上可以提高其关注度，提高内容的发掘效率。

5.5.2　移动端的首屏——运营推广的第一窗口

我们会发现一个事实，大部分互联网公司的产品运营占很大比例。是的，因为大家喜欢凑热闹，关注热点，所以大部分人看淘宝这种设计得琳琅满目的网站或者 App，不会觉得乱，只觉得热闹有趣，觉得什么都有很方便。

所以，基于用户的这个特性，在电商类产品首页首屏，我们通常会看到很多

图 5-16 新闻类 App 产品截图

广告或者"宣传单"。它们不失时机地出现，悄悄地吸引了用户的视线，默默地形成点击和转化，利用大流量、大用户这些优势，出售广告位，或者充分利用长尾效应，让更多的商品得到展示，增加访问量。电商类的 App 首页首屏一般看起来略显臃肿，其实这符合用户的使用习惯，首页就是给"我想买点东西但是不知道买什么"的人看的，因此充分放置宣传广告及营销方案也就不足为奇了。所以，如果你想做一个面向所有人的产品，势必要在功能和喜好上尽可能地满足更多人的需要。图 5-17 为一些典型案例图。

负载的信息量极大地侵蚀了我们的阅读乐趣，产品经理一直在绞尽脑汁地设计高效、高准确率的展示内容，但往往忘记了用户"感兴趣"的重要性。用正确的方式抓住用户的视线，第一时间让用户知道你的产品是什么、有什么特点，减轻认知负担，才能让用户喜欢你的产品。

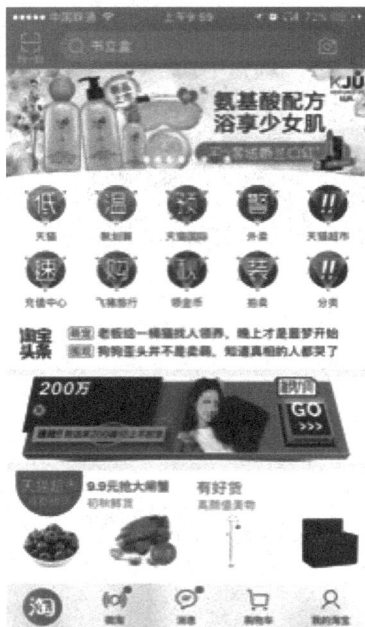

淘宝　　　　　　　　　　　　　　　Enjoy

图 5-17　电商类 App 产品截图

5.6　融入场景思考

5.6.1　优化产品体验

在如今激烈的市场竞争中，成熟的 UX 实践所带来的最佳用户体验，是企业之间的最大差异，只有最佳的用户体验才能帮助企业在竞争中胜出。所以为了让用户喜欢，产品经理需要优化设计。设计分为 3 类：行为设计、形式设计、内容设计。其中，行为设计专指交互设计，形式设计包括界面设计与风格设计，内容设计包括信息架构设计、文案设计、动画制作与音效设计。

结合情感化设计，产品经理要满足用户从有用到正确，再到愉快的需求，从而达到从启发到取悦，再到欲望的设计目的，如图 5-18 所示。

在设计具有潜在病毒式传播力产品的过程中，主要的目的是尽可能创造愉悦的用户体验。UX 团队是企业创新过程中的关键因素。这是在 UX 阶段中需要

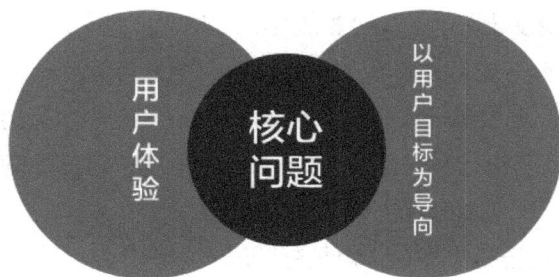

图 5-18 用户体验的核心问题

思考的主要观点。除了分析产品的整体概念，更要对用户所要经过的所有步骤进行分析，这些都是必要的。产品的功能应从用户出发，技术不要高难度而要更易懂，不要过于关注表层的视觉设计。产品只有在使用过程中才能实现其功能。另外，界面结构决定了用户在使用产品的过程中，要经历的途径和步骤。牢记人的因素和人与产品的相互作用、行业生存能力和市场策略，同时把这些和技术上的可行性解决方案结合在一起。所有的这些努力都不会白费——在最终交付产品的时候这些都会成为产品的核心价值。

产品经理不能坐等用户自己放弃老习惯、自动开始新习惯，必须要制定出一个激发战略，让用户自然而然地转向新系统。这就需要先用概念设计，把能够激发客户动机的、跨渠道的方案建议展现出来；再用专业的设计和创新点撬动企业高层的观点。企业领导者必须坚信用户体验是重要的，且必须要求员工按照用户体验的最佳实践来工作。如果这个人不能坚定此信念，优秀的用户体验则很难实现。把用户喜爱的产品转化为产品销量的增加，这才能让企业高管们兴奋起来。在企业内部，除非通过培训和大量展示项目来改变内部环境，否则体验设计团队和技术开发团队之间会有很大的分歧。像 Sketch 这类的设计工具，在很多 Android 和 iOS 之类的平台上很受欢迎。因此，要以自己喜欢的方式做事，但是用更少的时间并且和更多的项目协作人一起做这件事。

提升用户体验不是一次性的任务，而是一项持续性的工作，我们需要保持对行业最新动态以及理念的敏锐嗅觉。用户体验本身不应该是一个职能或者职位，而是评定一个产品或者一项服务的综合指标。做产品，应该尽最大可能给予产品高质量的用户友好度和 UX 体验。用户不单单是在使用产品，更是在感受产品，感受它的脾性和活力。

5.6.1.1　产品体验设计之中，我们要做留心之人

用户体验是基于对用户行为的认知，同时牢记商业目标，在界面中呈现公司的愿景。我们需要聚焦于评估用户的体验，讨论出一个可行的问题解决方案，并通过设计实现团队讨论的结果。给足用户自由度的同时保证用户不要犯错，所有的用户体验设计都是基于对人类行为的理解。

案例复盘：提示用户评论，但是默认屏蔽用户信息，让用户评论的自由度更高、更自然，如滴滴打车、淘宝 App 等，如图 5-19 所示。

抓住用户评论的心态，适当保护用户的隐私，给足空间

图 5-19　滴滴打车 App 截图

案例复盘：当你的提示让用户倍感人性化时，用户的体验感就会得到迅速提升，因此，做一个理解和关心用户的产品经理是非常重要的。当用户在完成一些小任务，比如调整设置时，系统能够弹出友情提示信息，这种人性化的微交互非常贴心，如图 5-20 所示。

5.6.1.2　产品体验设计之后，我们要回忆

对产品进行试验和反复推敲，将时间和资源用到试验结果上，整个过程是以体验为驱动的。

在完成产品体验设计后，我们应思考：结构层次是否清晰？内容层次是否有效？交互逻辑是否通顺？基础模块是否正确？视觉设计是否合理？产品特色是否突出？

感知用户的担心，给予适当的提醒　　　　　　超出用户的预期，发现用户的心声

图 5-20　产品截图

案例复盘：模块与模块之间、功能与功能之间应该有较为清晰的分层，建议不要以多个模块交叉内容，使用户产生疑惑。学会舍弃那些分散用户注意力的元素，引导用户去关注屏幕上有意义的内容。

当用户完成部分操作时，自动开启新的页面，或者出现下一步输入区域的提示，是一种非常好的体验。产品经理一定不要在简单的交互逻辑上出现低级错误，比如按钮的可用 / 不可用、调用数字键盘 / 中文键盘等，如图 5-21 所示。

案例复盘：同一款产品，其视觉设计要统一，视觉展示是用户能看见的第一个反馈，如果不用心，很容易引发用户的反感，如图 5-22 所示。

在未来，产品体验是区分产品优劣的一个核心点。作为产品经理，应该多去整理产品思路、产品易用性，随时从产品功能性讨论出发，结合创新思路，迎合互联网趋势，做好产品体验设计。

任何一种方式和手段，其最终目的都是希望把产品体验做好。无论在互联网还是传统行业，几乎每一种产品都有很多竞品，面对众多选择，用户体验在产品中的权重会越来越大——用户体验会决定用户是否选择持续使用你的产品。

输入内容为空时，登录按钮置灰   输入数字时，调用键盘错误

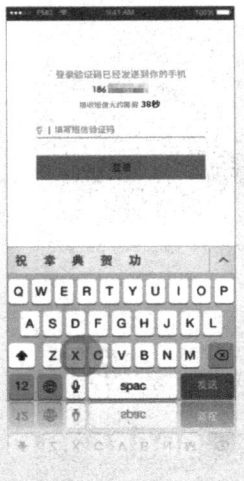

图 5-21　产品截图

图标风格不统一，视觉元素不符合规范

图 5-22　产品截图

互联网产品最基本的价值在于提供满足用户需求的服务，而用户体验是超越需求的一种层次，给用户提供价值才是最重要的事情。

5.6.2 小开关，大人情

如今很多产品渐趋精细且有人情味，一个弹框、提示都是接触用户、实现人机交互的入口，善用弹窗、提示能让用户感知你的贴心和用心，进而喜欢上你的产品。所以，不要忽视产品体验的每一个细节，尽可能用心做好每一个细节，赋予产品生命和呼吸。

《简约至上》曾经描述过如何在场景之中做好产品体验，其方法用一句话总结就是：用故事的形式描述用户体验。由于故事能够浓缩大量信息，且易记忆和分享，因而是用于描述用户体验的很好的方式。

其具体的描述是这样的："我们可以通过故事展示出每一个需求点，并确定该需求的功能。故事需要做到简短、可信，要有可信的环境（时间、地点）、可信的角色（谁、为什么）、流畅的情节（什么、怎么样）。" 因此，产品经理在设计时可以通过故事来寻找突破口，时刻思考在那样的情境中，用户会怎么做，我们需要将产品设计成什么样才能让用户更简单、方便地使用。

5.6.2.1 开关设置之打开 Wi-Fi

当某项功能需要耗费较大流量时，势必应该在体验前，温馨提示用户检查网络环境是否在 Wi-Fi 环境中。相反，若流量消耗不大，且播放内容偏时效性的短视频片段，只需消耗很少的流量，就应站在用户急于看到内容的心理，快速呈现内容。

良好的用户体验是立即改变开关对应的设置项，而不是点按了"保存"或返回上个界面之后才能实现保存。我们在现实生活中对开关的期望就是如此（比如我们按下开关，灯立刻就亮了）。用户在不同地点会产生不同的需求，同时，同样的产品在不同的地点带给用户的体验也是不一样的，比如光照（强光下屏幕自动调节，弱光环境下开启夜间模式等）、声音、网络环境（如非 Wi-Fi 状态下观看视频会有提示等）。从实际情况来看，使用 Wi-Fi 比移动数据流量更省电，对设计者来说延长手机续航时间很重要。

所以，友好的体验应该根据产品自身的资源内容进行调整。比如你的产品直播和长视频较多，那么就应该采用图 5-24 所示模型中"直播类产品"的结构，一旦首次检测到用户在非 Wi-Fi 环境下看直播、视频，就应提示用户开启 Wi-Fi；若你的产品短视频片段较多，那么就不需要过分强调开启 Wi-Fi 观看视频，如果用户有需要，让用户自行点击设置即可，具体可参考图 5-23。

直播类产品，建议开启Wi-Fi　　　　　　　　短视频类产品，可用流量

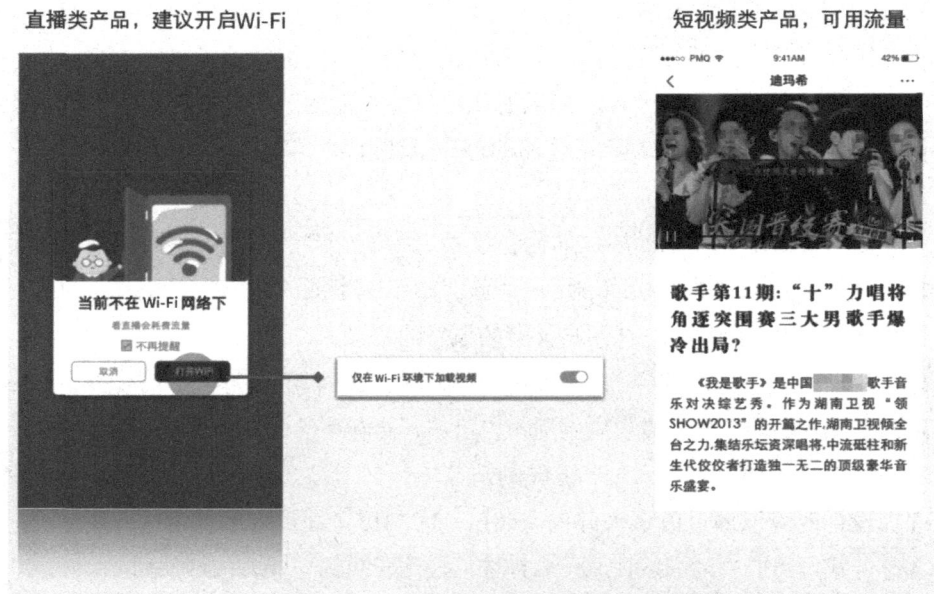

图 5-23　直播类和短视频类 App 产品

关于视频和直播，当网络状态不好时，可以考虑加载低质量的图片；当网络良好时，则加载高质量的图片。同理，当检测到用户正在使用移动数据流量时，可显示占位符而不显示图片，当使用 Wi-Fi 时则直接加载出图片。这些设计方案都是站在用户的角度，真正替用户着想，为用户带来价值，因此更容易赢得用户的喜欢。

5.6.2.2　开关设置之默认勾选

使用明确、有效的文案作为勾选框的标签，用户就很清楚如果勾上选框会发生什么。勾选框只用来改变设置，不能作为操作按钮。现在很多勾选模块都是结合弹框和其他交互行为作为辅助提醒，为帮助用户确认一些细节问题而设置。比如对于某些操作，用户只需要做一次勾选就能够满足长时间需求，文案措辞一般为"不再提醒"。如默认 Wi-Fi 环境下下载视频、创建桌面快捷方式、Push 类的广告订阅提醒、允许系统静默升级版本等。又如对于必须开启的功能，如获取相机权限才可以拍摄视频等偏强制性的交互，默认勾选"不再提醒"，帮助用户选择，使得核心功能能够正常使用，模型如图 5-24 所示。

与上述默认勾选类似，还有一类默认勾选也很人性化，那就是我们常见的

图 5-24 通知弹窗

匿名评论功能。当然，默认勾选"不再提醒"是一把双刃剑，如果放置在一些需要用户认真阅读后再决定进入下一步的功能模块，如淘宝《用户使用协议》等，还是建议让用户得知用户使用协议的内容，并确认已知晓后，再手动勾选，这样更能保障用户的权益，并且能传达一种尊重用户的情感。再如，我们在百度网盘下载一个文件，或者在微博中评论一条话题时，都会默认勾选转发或者关注，这种行为除了让产品经理的数据好看以外，并没有太好的效果。

要做好产品体验，首先我们要学会"用心"：明确产品的定位，深入了解用户需求，结合产品的落地并想用户之所想，完善用户未注意的地方，避免用户首次使用茫然的情况。其次学会"平衡"：综合考虑到绝大部分情况，做出最适合当下产品的设计思考与决策，而不是理想化地沿着一个方向走到底。好的指导将促进用户的探索，帮助用户建立可实现的目标，并提供及时的反馈，让用户爱上你的产品。

5.6.3 权限获取要巧用

在产品的基础框架设计中，有一项内容叫作权限获取，即对手机相关权限（如地址位置、摄像头等）的获取，会在相应场景下触发。以下内容是一份权限通知出现的机制清单，分各种场景总结了产品模型，希望对你的产品设计有一定帮助。

5.6.3.1 Splash 页后

很多产品喜欢通过 Splash 凸显产品的风格，另一方面，能够第一时间弄明白一款新产品的用户太少了，Splash 页可以大大缓解用户在心理上的焦虑情绪。那么你是否考虑在 Splash 这样一个使用低频的模块，结合一些通知功能，让用户多停留几秒，看清楚你的 Splash 页的内容？一般来说，产品的基础功能是围绕消息通知，我们可以把 Splash 的某一个 Slide 作为突出消息通知功能的点，介绍给用户，同时结合此 Splash 页内容开启权限通知的浮层或是弹框，减少对用户的中断式干扰。

交互形态：Splash 页结束后，从下至上抽出一屏。这种方式可以让两个功能结合，且更好地突出消息推送的重要性。如通信类、社交类、新闻类、天气服务类产品等，都可以借鉴这种模型和触发机制，优化产品体验，如图 5-25 所示。

5.6.3.2 特殊场景前：拍照、直播、语音等

很多 iOS 系统 App 不对授权做处理，导致用户首次打开的时候接二连三地弹出申请通知，申请数据、申请摄像头、申请拍照、申请照片的授权，这样粗暴的方式给用户的产品体验特别差。对用户来说，第一次使用 App 就不断地弹出各种授权申请，影响了其正常使用；对运营来说，会造成推送功能的开启率很低，后续无法推送重要消息给用户；对业务来说，部分用户永远都收不到重要信息的通知，觉得这 App 不热闹、没人气。

作为一名用心的产品经理，应在用户首次使用某项功能时，弹出获取权限的提示，把人机对话融入适当的场景使用过程。这种做法会有效提升 App 的体验，不会因为一打开 App 就出现很多个弹框，以致中断用户的使用，能帮助用户快速认识功能的核心，同时，App 的推送开启率也能够大幅度提升。这是目前很多产品交互设计的落脚点，也被运用得比较多样化，图 5-26 提供了一种模型供参考。

图 5-25 Splash 页之后的通知

图 5-26 特殊场景前的通知

5.6.3.3 功能使用后

关注和订阅，对于用户而言，无非是一种记住信息源的方式。社交类型产品一般都习惯用 Follow（即关注、订阅）这个词，且不限于人 – 人之间的交互。比如知乎，就将 Follow 用于人 – 问题的交互；Zaker，就将 Follow 用于人 – 内容的交互。从信息角度看，我们 Follow 一个人或者订阅一个站点，目的是获取信息。

我们在使用产品的过程中，关注某人、某物，或者订阅节目后，利用使用场景，产品在设计中可以考虑用弱打扰的方式，提示用户开启获取通知的权限，这是顺应用户使用感并且让用户不遗忘关注内容的巧妙设计，参考模型如图 5-27、图 5-28 所示。

5.6.3.4 融入 Feed 中

如果尚未打开某权限，对用户使用产品并不产生干扰，那么获取权限的提示可以弱化为内容：如果用户发现就弹出提示框；如果用户暂时忽略，也不强求用户一定要打开权限。这种方式也比较符合用户的使用场景，如图 5-29 所示。

关注、订阅、收藏某功能后

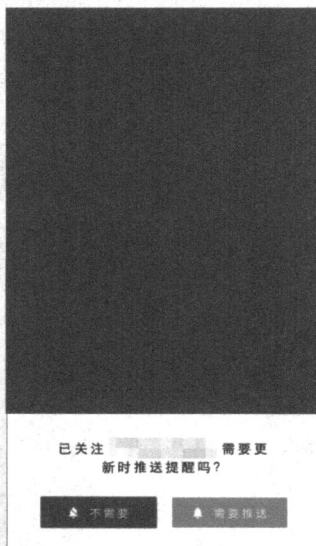

已关注 ▨▨▨▨▨ 需要更新时推送提醒吗？

🔕 不需要　　🔔 需要推送

图 5-27　某些功能使用之后的通知（1）

场景中… 权限获取

完成第一次日记后　　　完成第一次录音后　　　完成第一次互动后

图 5-28　某些功能使用之后的通知（2）

图 5-29 融入 Feeds 作为内容出现

如今互联网产品已经走过了人口红利的阶段，大大小小的 App 都开始用心雕琢自己的体验和交互，人机之间的互动难免会存在一些不自然的询问和打扰，产品经理需要站在用户的使用场景和诉求角度，对每一个小细节都反复琢磨，以用户为中心，这样才能从众多产品中给用户留下深刻的印象，使用户持续使用你的产品。

5.6.4　自由选择，开心互动

在信息爆炸时代，传播形式发生了变化，让更多的用户知道、购买，获得更多人的关注，才有可能获得满意度。所以"互动"的概念更多源自人对于自身关注度的一种渴望。互动是最简单、最直接的激励形式，任何人都有被关注、被尊重的心理需求。互动的表现形式一般有关注、回复、赞、转发、分享。接下来我们分别讨论这些表现形式，分析如何做体验感比较好，并且真的能调动用户的积极性。

5.6.4.1　分享

通常情况下，用户截屏的目的有两种：

（1）分享有趣的内容；

（2）留底存档（如付款信息保存、App 异常情况上报）。

从需求层次的角度来看，分享可视为自我实现的一种表现方式。分享既能

够满足用户展示自我、曝光自我、获得关注的欲望，又能够突显出用户愿意与他人交流自己的感受、心理、成果等。其核心需求是社交需求。社交需求是人的基本需求、原始需求，成本最低，符合经济原则，不是简单的利己或利他能够解释的，因此总的来说，分享就是一种对自己存在感的确认。

分享这一行为满足了用户希望影响他人、为他人提供帮助的心理；同时也表示对所分享内容的认可——认为该内容可以直接或间接地表达自己的情绪及观点。分享是表达的另一种形式，即用户希望自己分享的某个观点或内容得到其他人的认可，以获得价值认同感和安全感。

人都是需要被关注、被理解、被认同的，需要在表达中寻求自我价值。在产品体验中，为了让产品赢得更多的关注，获取更多的用户，发动种子用户作为"分享"行为的引擎，分基础类和场景结合类进行分享引导，在合适的时机向用户传播产品，这是很多产品经理绞尽脑汁想要达成的目标。我们都希望能够通过分享宣传 App、做拉新、做留存、和用户保持黏度，图 5-30 所示即为这两类分享机制的模型。

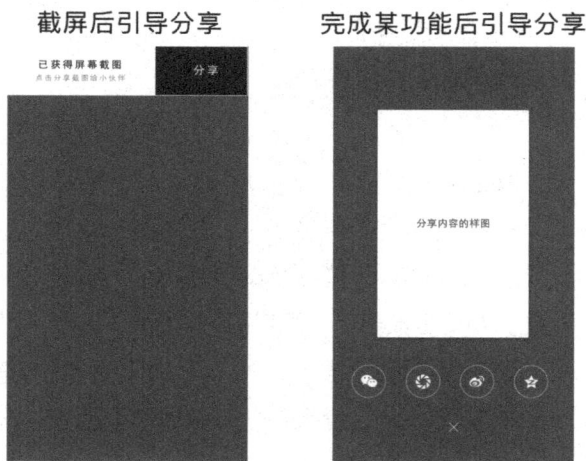

截屏后引导分享

完成某功能后引导分享

图 5-30　分享机制

对于第一类诉求，目前很多 App 已经加入相关功能——通过截屏后直接分享的功能，缩短了分享截图的路径，减轻了用户分享的负担。

1. 基础类：通过分享按钮触发分享行为

通过常驻（固定）入口，为用户提供能够感知的分享点，挖掘用户可以分享的内容，同时通过内容提高用户分享的热情，或者通过产品的互动机制，如分享得积分等。

2. 场景类：通过分享场景触发分享行为

不设置常驻（固定）入口，而是根据用户的常见行为，做适当的分享引导，比如，对于 iPhone 用户的截屏操作、用户完成评价后、用户获得成就后这类场景，我们可以通过一些小的 tricks，让用户看到可以分享的入口，如弹框、浮层等。给用户一个路径但又不过分强调，做到贴心而简单的提示即可。

对于第二类需求，如果用户使用手机截屏，系统会自动捕捉到这个动作，并询问用户是否遇到了问题，贴心地提供了反馈问题的快捷入口。设置界面截屏是一个相对低频的操作，只有用户确实遇到困难、需要通过反馈通道得到解决的时候，才会使用手机截屏，所以这个时候通过得体的言语给予用户适当的提示，就会显得特别贴心，如图 5-31 所示。

付款信息存档、错误信息反馈

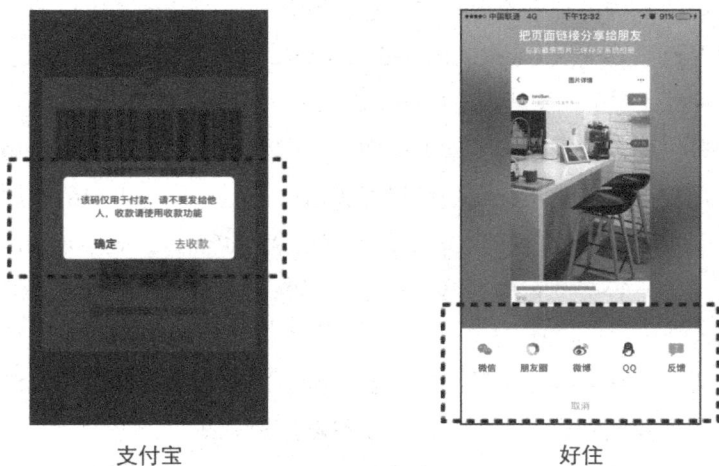

支付宝 好住

图 5-31 付款信息存档和错误信息反馈

5.6.4.2 投票

投票功能对比评论和分享，更侧重对某类事物、某类问题的关注。通常来讲，此功能的设置是基于用户对内容的关注度和理解范围相似，并且有比较强的共同关注点和判断能力。并且投票较之评论，稍微去主观化一些，产品的运营成本也相对较低，对正面的内容展示也相对较容易。好的问题就是好的答案，从

这个角度来看，给答案投票和给问题投票其实是同一种行为。并且问题的确有质量好坏之分，加入这个功能可以使高质量的问题得到识别。从另外一个角度来说，一个问题被投票的次数越多，表明希望获得答案的人越多。图 5-32 所示为常见的投票模型。

图 5-32　投票模型

1. 标签类：问题及答案的范围较明确

产品自行划定投票的范围，让用户在最短时间内做出是否评论的决定，这样能够保证一种良好的信息流动，最终让一些没有太多价值的内容沉淀下去，同时，有价值的内容则会突显出来。这种设置一方面减轻了用户的操作负担，另一方面得到了 UGC（User Generated Content，用户原创内容）的质量控制。

2. 点赞类：对于情感的表达更加积极向上

对于有投票行为的点赞（顶）操作，考虑产品本身传达的定位和情感，同样能减少用户的操作负担，我们可以考虑对于一些已显露出来的高质量内容，做"＋1"的引导，即喜欢就点一下，不喜欢就一览而过，既不复杂也不肤浅。同时辅助当前内容页的布局，给用户一个能停下来找到"小伙伴"的感觉，提升产品的人性化，且收放自如。

以上所述的互动操作，最终都需要平衡用户和产品的双方利益，一方面不要过度包装和强制弹窗，另一方面不要忽略用户感知，让用户无法宣泄心中的想法。当然，这其中的利弊最终还是需要产品经理根据自身产品的偏重和定位进行合适的调整，并结合客观的用户行为数据予以复合性的考虑。产品体验本身是一门复杂的功课，但只要你用心去做，就能看到越来越好的结果。

5.6.5　少思考，多购买

对于商店属性类的产品，我们的核心目标是通过产品策略、用户界面、技术体验及运营手法，引导用户付费购买。

进步、掌握和控制感常常让人更有动力。如果你想建立起用户的忠诚度（比如让网站有回头客），就要挖掘用户的内在需求（如和朋友联系或是掌握新知识），而不是添加让用户付钱购买的服务。如果用户不得不完成一项很无聊的任务，不妨直接告知他们并让他们用自己的方式去完成，同时想办法帮用户设立目标并追踪其进程。

另外，了解消费者在消费活动中的心理及行为，能助你在产品设计时更好地捕捉用户的心理变化，在最为恰当的节点让用户做决定。

不要以为让信息出现在屏幕就一定会被用户看见，特别是刷新页面出现改变时，用户很可能完全意识不到页面刷新前后的变化。如果你要保证用户注意到界面上的某处改变，应该增加视觉提示（如使之闪烁）或者听觉提示。

购买心理学中有一个二元法则，这一法则包括一个听起来不错的原因及一个真正的原因。在互联网行业，听起来不错的原因通常包括感性的认知，比如广告 Banner 漂亮、文案舒心等；但实际上，只有真正的原因才会让用户产生购买的想法，做出最终的决定。那么，我们如果能从听起来不错的原因着手，让用户对你的产品产生好感，从而提高购买的欲望加分，不失为好的方法。

5.6.5.1　学会放小广告

聪明的放广告牌的方法就是要尽量打断购物者的视线，挡住他们的目光。在做产品设计的时候，可以通过效果广告促进消费者行动或消费，让效果广告吸引用户的注意，然后引发用户的兴趣，再刺激其欲望，最终促成购买。我们要确保每个销售信息都恰到好处，每个模块的摆放都能让顾客更愿意浏览信息。让用户能通过你的小广告找到他们想去的地方。有些信息或者广告，如果太晚告诉用户，用户就来不及采取行动了，所以通常情况下，我们会在用户每日首次使用产品时，弹出小广告。

目前在产品中最能引起用户购买欲望且不太影响用户体验的方式，就是放置效果广告，即 Banner。它通常置于页面顶部或者底部，展现直观信息并能快速吸引用户的注意。Banner 会对用户浏览的内容造成一定的遮挡，打断用户的视线，引导用户注意到目标信息，如图 5-33 圈中部分所示。

5.6.5.2　学会打磨文案

好的文案能够将最多的商品在最多用户面前展示最长时间。优秀的文案能让用户身不由己地被展示的图片吸引到店里（购买详情页），KANO 模型里提

图 5-33　产品截图

到过——优化此需求用户满意度不变，不优化则用户满意度大幅下降；产品本身与文案都是用户购买前参考的基本元素，我们在设计购买点的时候，除了比拼"让人尖叫的产品"外，比一比"让人尖叫的文案"也是很有必要的。在电商类产品中，促销、免费、打折等字眼往往最能挑起用户的购买心理。所以，产品经理应找到产品和用户的利益契合点，引导用户购买。

　　当你的产品拥有明确的竞争点，或者说核心的差异点时，还需将产品的包装文案通过感官化、体验式描写，赋予产品情怀，最大化、最直接地让用户知道产品的核心优势，向用户反复强调产品的定位，这也是唤醒用户记忆点、提升用户购买概率的方法之一。图 5-34 所示为网易严选 App，它以高质量、高性价比为核心，用众所周知的厂商名作为产品最强的背书，其产品包装文案精简有力，令人一目了然，并直接产生信任感。

　　产品做到后期，很多小细节都会变成产品经理对话用户的一种方式。产品经理是否从用户角度出发，为用户解决问题，其实从文案的沟通就能窥见一斑。将人的温情带入冰冷的程序，让用户在无助的时候，能踏实地使用功能，并感到很温暖，用户爱上你的产品的可能性就会越来越大。图 5-35 所示是消息推送、自动监测、温馨提示等相关案例截图，展示了一些简单的提示和说明很容易引发用户的共鸣。

图 5-34　产品截图

Blink

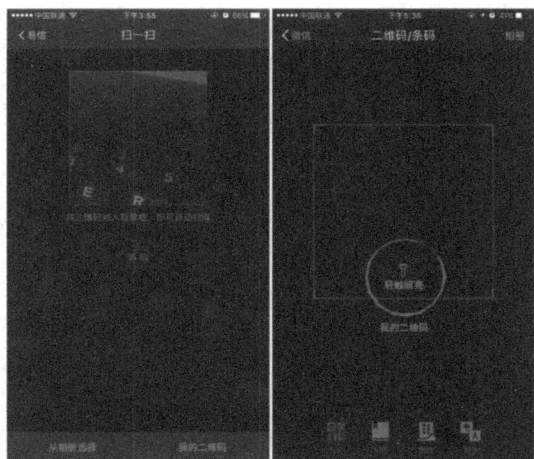

微信

图 5-35　让人惊喜的文案

5.6.5.3　学会相关推荐

要想促进销售，最简单的办法就是卖更多的产品给现有的顾客群，推荐信息由用户主动地访问而产生，把与用户看过或者购买过的产品最相似的产品推

荐给用户。KANO 模型魅力因素中曾这样描述：提供用户想不到的需求会有效提升用户满意度，不提供则满意度不变。

在产品设计中，我们可以通过用户评分、邻近搜索，收集群体用户的偏好信息，自动化预测个体用户可能感兴趣的内容。Amazon 的相关推荐就很人性化，其中"别人购买／浏览的商品"模块，就是一个典型的基于项目的协同过滤推荐的应用，使用户能更快、更方便地找到自己感兴趣的产品。如图 5-36 所示，通过推荐系统展现给用户的内容，都是用户感兴趣的，而且每个用户看到的都不一样。相关推荐可以降低使用门槛，帮助商品实现快速转化，加强内容之间的关联。

图 5-36　产品截图

在你试图令购物经历变得更舒适、轻松和方便之前，你无法知道购物者到底要买多少东西。所以，你只能尽可能使用合理的交互体验，挖掘用户购买的痛点，快速帮助用户实现购买目的。关注内容的包装、比较和分析，以使商店和产品更加适应购物者的需要。

要基于用户的心理模型设计产品，而不是基于业务或者工程模型，更不是基于你个人的想法。产品经理在做购买引导时，必须结合用户的心理模型，只有了解用户的心理，才更容易理解用户的行为。

5.6.6　张弛有度，操作自如

随着信息技术的不断成熟，互联网行业的发展以及用户体验对用户的影响力也在不断增强。交互是由"动作"和相应的"反馈"形成的一个闭合的行为。

如今的 App 设计集视觉、动画、交互和体验为一体。除了交互设计本身，视觉设计的辅助也是能为产品体验加分的一个重要因素。配色漂亮，交互设计新颖，都可以在一定程度上激发我们的灵感。

5.6.6.1　"收""放"自如

好的开始是成功的一半，一些简单且常用的手势动作，如果使用得恰如其分，能让界面看起来更炫，让用户觉得使用更畅通。

智能手机受尺寸限制，对用户而言首屏空间非常宝贵。如果不能在第一时间让用户获取有效信息，App 的魅力将大打折扣。当用户第一眼看到首屏放置的主要内容后，通过上下滑动寻找更多信息时，要合理利用手势滑动的魅力，把众多功能归置起来，不让首屏展开的功能堆砌在用户滑动页面的过程中，给用户提供更干净的阅读空间。

图 5-37 为 Airbnb 截图。在产品首屏展开最常用的租赁模块，用户一旦进入产品，就能非常方便地填写并完成查询功能，当用户有意识地向上滑动屏幕的时候，展开的模块会以关键词提示的形式吸顶，底部的内容则会顺着滑动操作无限延伸，既不完全隐藏常用功能，也不过度干扰用户的阅读视觉区域。

基于同样的设计理念，图 5-38 所示的 QQ 浏览器的首屏也设计得较为人性化，它把首屏的默认展示区域留给了天气信息及一些活动公告。这种设计一方面将用户使用浏览器的习惯区域日常化，让用户进入一个搜索引擎后不觉得过于枯燥，另一方面从视觉设计来看，首屏顶部的加宽让整个界面的视觉体验一气呵成。

对于搜索框这个核心功能的入口，待用户滑动界面寻找其他内容的时候，就会很自然地吸顶，利用极小的区域突出搜索框的入口，并释放更多的阅读空间。

图 5-37　Airbnb 产品截图

图 5-38　QQ 浏览器产品截图

5.6.6.2 "变""换"自如

手势操作是苹果手机带给世界的惊喜，手势的运用能让界面设计看起来更炫。优秀的手势操作特指那些可以让用户明确知晓如何使用的手势，手势减少了用户操作的烦琐度，同时可以和不同规格的设备自由交互。App 设计中，手势和动画一定是息息相关的——动画是用户在完成整个动作之前，与 App 交互最直接的信号。

在产品心理学之情感设计中，提到过这样的观点：我们需要用心关注行为设计，行为设计很大程度上决定了产品的用户体验。在行为设计中，利用手势和动画的设计往往能打造炫酷的体验设计。通常可以通过手势的滑动操作，让不动的元素变得有生命，如最美应用（见图 5-39）、Twitter（见图 5-40）。

在不同的内容界面，利用上下滑动这个基本且常见的人机交互，把当前界面的内容操作控件或者主体信息，通过吸顶变形的方式予以呈现。动画过程自然且高效，动画效果能给用户很强的记忆点，使用户对产品快速产生好感。

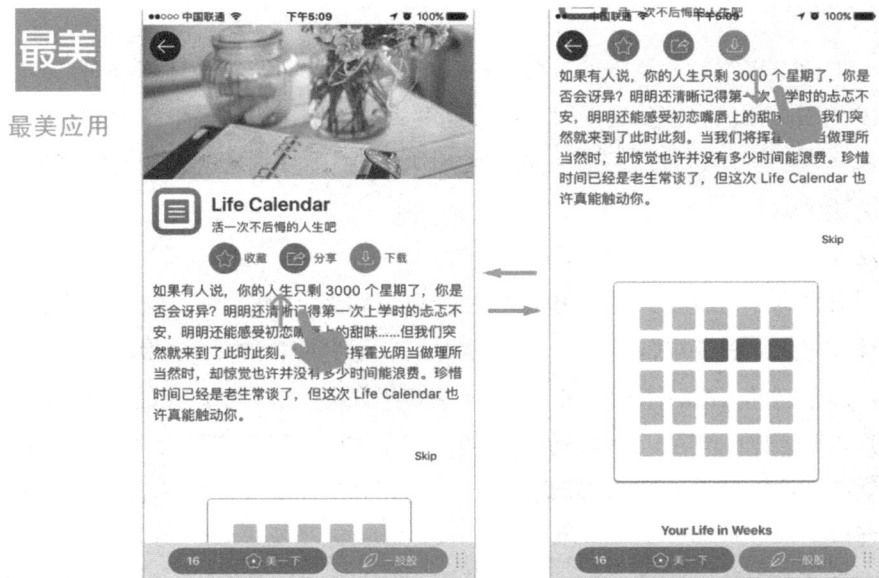

图 5-39　最美应用产品截图

图 5-40　Twitter 产品截图

　　上述人机交互方式不仅符合用户的感知习惯，还能节约屏幕空间，创造沉浸式的阅读体验：一是滑动过程中页面要跟随手指，能加强用户对产品的控制感和更明确的层级感；二是在滑动过程中，用户的视觉所触及的空间更整洁，体验更纯粹。

5.6.6.3　"运""用"自如

　　某本书中曾提到："一个优秀的设计师就是能够将界面、交互、体验融为一体去考虑，权衡布局、简化设计、清晰梳理、判断整体页面结构。"

　　简单来说，产品体验是在"场景＋用户＋任务"过程中产生的，涉及内容、用户界面、操作流程、功能设计、服务等多个方面的用户使用感觉。当产品经理切实把"体验"这两个字理解透彻了，再运用到产品本身时才可能产生奇妙的化学反应。

　　举两个简单的案例：QQ 空间（见图 5-41）和去哪儿旅行（见图 5-42）这两个 App 的首页都采用同样的交互体验和视觉表达，把整个瀑布流的信息，通过顶部 Bar 的变色与手势上下滑动融会贯通。当用户的浏览区域色彩比较鲜明且多样的时候，选择白色作为 Bar 的底色，突出 Bar 的存在，能让用户在滑动浏览的过程中，不会丢失主要的目标和"轴"心。

图 5-41　QQ 空间产品截图

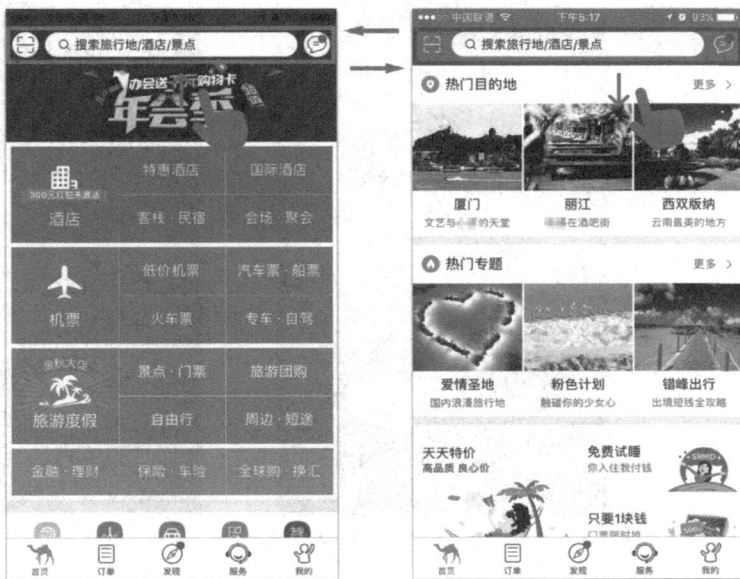

图 5-42　去哪儿旅行产品截图

相反，当用户的可视区域有大量的留白和边界时，可以通过适当的变色或者透明度的处理，让顶部 Bar 与内容区分开来。这样的色彩运用，完美结合了交互体验与视觉体验，让用户在弹指间的使用都显得非常顺畅而且自如。

5.6.6.4 "操""纵"自如

随着产品差异化越来越小，人们对体验的要求也越来越高。除了变色之外，变形也是一种视觉＋体验的创新。在不同的顶部区块，产品设计需要传达给用户的功能可以不同。那么，由于表达的不同，视觉设计也从满足产品需求上升到服务于用户设计的高度，产品体验也随之上升到创新体验。

如图 5-43 所示的"天气通"App，就对顶部居中的 Title 位置，结合操作界面的不同场景，做了功能的变化。当用户默认进入 App 时，居中的 Title 位置有一个"＋"，用以引导用户做城市的增减；当用户准备向上滑动，查看更多信息时，居中的 Title 位置就变成了一个展示天气信息的信息栏，这个信息栏与底部的大面积天气信息融为一体，从属性上就会简化用户的理解，同时这个小细节也能让用户感受到产品经理的用心。

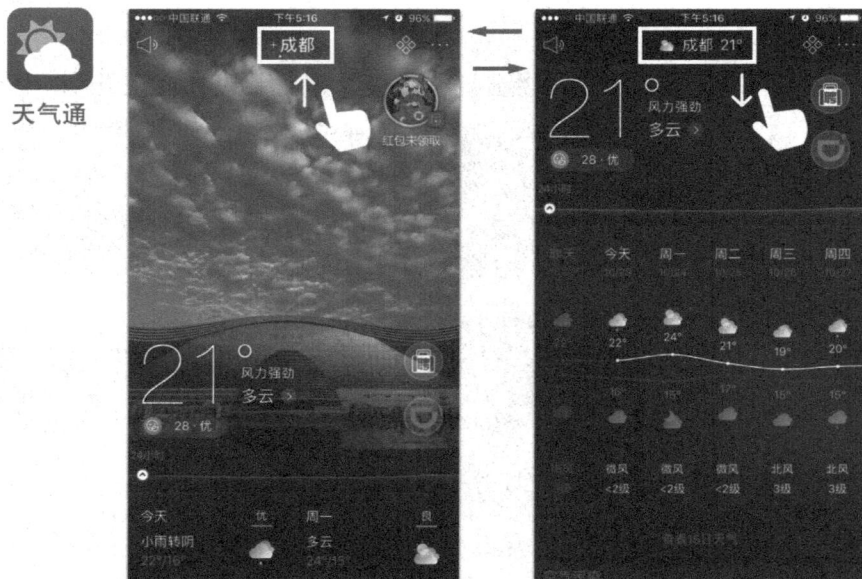

图 5-43　天气通产品截图

今后的产品设计需要将视觉和体验统一起来才能更好地占有市场，设计才更具备商业价值。这也让产品经理感受到了新的挑战——理论不再占据所有的设计理念，真正用心打磨的细节，或者说不再有细节问题的产品，才会真的受用户喜爱。在互联网行业，当一个 App 设计出来后，如果没有能力去吸引用户或者留住用户，这个 App 的设计就是失败的。

5.6.6.5 "应""付"自如

好的设计总是能带来好的体验，默默无闻地为用户服务。要做出好设计，功能和视觉都应具备，并且要做到结合的唯一性才能走得更远。对于正在使用你的产品的用户，产品经理应该细心地看到他们每一个阶段的位移。如果你能猜透且能提前想用户之所想，那么用户在使用你的产品时必然会更有宾至如归之感。在竞争激烈的互联网行业，一款产品从诞生到发展，离不开产品经理的精心打磨和深入思考。

简书就为用户打造了近乎完美的体验，如图 5-44 所示。简书界面从 1 至 2 的切换过程中，使用了颜色的渐变和处理，当用户把 Banner 区域全部滑动至 Bar 的底部，离开视觉区域后，右上角原本收起来的搜索框就自右向左地拉开。整个拉伸的过程与用户的向上滑动形成一体，体验感非常好。

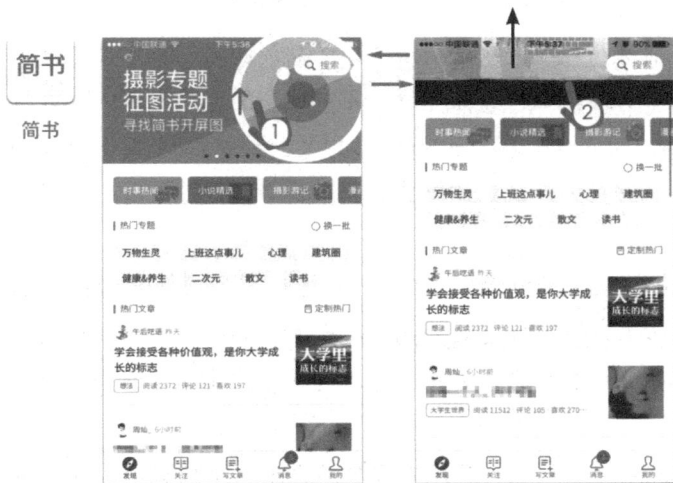

图 5-44 简书 App 截图

本节我们举例说明了如何利用上下的手势滑动优化产品体验。从中我们能看出视觉与业务、交互、体验融为一体的设计趋势会越来越深得人心。界面一旦被功能串起来便产生了交互，在交互的过程中也就产生了体验。

凡事张弛应有度，交互中适度利用手势操作可以锦上添花，但过犹不及，如果喧宾夺主就应考虑取消。好设计能把握到让用户最舒服的度。当你的设计与体验融为一体的时候，才会给用户带来真正意义上的"飞一般的感觉"。

5.7　小截图，大学问

作为产品经理，除了需要随时保持一颗好奇心之外，还要学会总结、归纳。从第 3 章至第 5 章，我们通过诸多案例阐述了产品经理真的是一个"复杂"的职位，它没有太多具体的关于技能和功能的划分。只要你能掌握更多的方法，解决问题并完成产品设计，适应快速发展的现状，你就能比其他产品经理获得更多的机会，且处理问题时更显游刃有余。所谓"活到老，学到老"，产品经理应该是不折不扣的"活到老，学到老"的一份职业。

不管你现在是 20 岁出头，还是 35 岁上下，不断学习成长，是产品经理保持初心必须坚持的一项任务。只有自我鼓励并不断学习进步，才能在产品经理这个浩瀚的大海里，遨游得更畅快。学习是方方面面的，成长是一步一个脚印的。要想顺应产品迭代更新的快速与多变，产品经理必须要学会做一个留心之人，比如对于一个 App 的截图搜集整理，不同层次的产品经理的处理方式也截然不同。产品的某个功能的上游、下游逻辑，以及出现此功能为什么能让用户觉得"动心"而产生截屏行为，诸如此类的每一段心路历程都值得产品经理细细品味并深入思考。

我们以图 5-45 所示的滴滴出行产品为例，说明不同层级的产品经理对产品关注点及整理方法的不同之处。同时结合本章前面 6 节的讲解来总结一下，初级产品经理如何从图 5-45 所示的这项不起眼的日常工作着手，让自己逐渐成长起来。

在滴滴出行的主界面，常用地点默认提示这个功能，不同层级的产品经理各持什么看法呢？

图 5-45　滴滴出行产品

（1）初级产品经理：觉得特别，截图保存，留着以后用。

（2）中级产品经理：通常能看出这是通过个性推荐来优化产品体验；缩短了常用功能的使用路径，方便用户快速使用，如图 5-45 所示，如果没有大数据的支撑，用户需要打开滴滴出行，进入位置选择界面，选择所要抵达的目的地，然后返回主界面预约车。

（3）高级产品经理：从截图可以看出，打车类软件其自身的行业壁垒还是要基于数据体量，谁的数据体量更大，谁就有更优秀的思路。大数据可以多次校验用户的行为，精准分析用户行为及其生活趋势，为后续商业化合作做铺垫。

可见，从初级产品经理到高级产品经理，其成长关键在于对简单交互背后的业务逻辑进行更深层次的挖掘。有时简单的交互和功能设计，其实反映的是商业模式。如何能做到"透过现象看本质"，这是产品经理成长之路需要用心思考的内容。产品经理的成长过程，需要学习并消化大量知识与技能，请做留心之人。

第 6 章　**深入行业，适者为王**

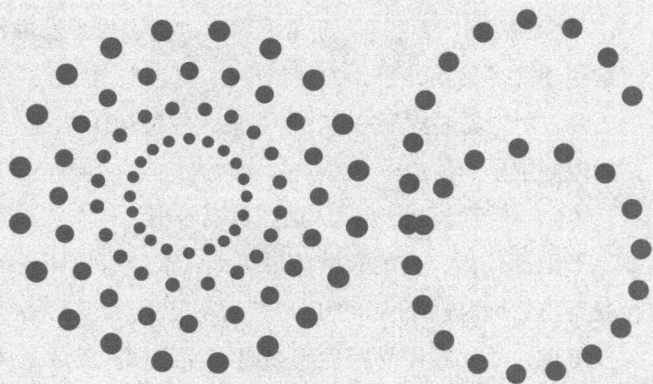

6.1　传统行业，怎么了

对于传统行业而言，所有商业模式的成功运营，无外乎解决了如下 3 个核心问题，如图 6-1 所示：

（1）把人聚拢起来；

（2）把商品管起来；

（3）把数据存起来。

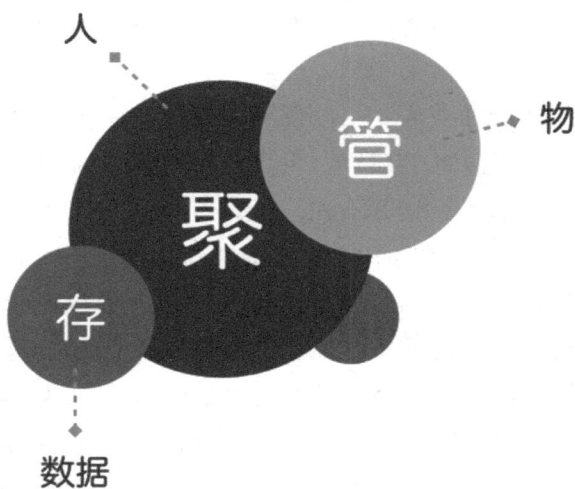

图 6-1　传统行业主要解决 3 个问题

但是随着互联网的发展，人们越来越多地在网上聚集，慢慢地，网络成为了人们社交、购物、消费的主要平台，有人的地方，就有商机，这就是现状。在线下，人多的地方就是购买力产生的地方；在线上，人多的地方就是流量产生的地方。这并不是说传统行业必须转型，必须做个 App、做个网站，而是大势所趋——具有消费能力的人群陆续通过网络的方式消费时间，购买物品。人们也逐渐认为，互联网是一个很重要的载体和平台，有了它，许多事情可以高效、满意地得到解决。

不管互联网如何发展，提供高性价比的产品始终是企业的发展之重。在这种趋势的冲击下，传统行业必然需要改变。改变是为了更好地降低成本，满足不同用户的需求，也就是说，我们能给顾客提供的不只是产品，还有解决方案。通过科学的方法提高生产力，能带来很可观的收益。

6.2　"互联网＋"，出现了

第四次工业革命是以互联网产业化、工业智能化、工业一体化为代表，以人工智能、清洁能源、无人控制技术、量子信息技术、虚拟现实以及生物技术为主的全新技术革命。第四次工业革命是一次新的浪潮。在这种竞争格局和互联网发展趋势下，传统企业必须要考虑如何转型以提升核心竞争力和资源整合力。通过基础服务提供的资源和用户整合，逐步衍生了大量的高附加值服务，实现了赢利。

工业 4.0（即第四次工业革命）提出后可以看到，降低成本和提高敏捷性是传统行业的发展趋势。所谓的"互联网＋"用来引导传统产业如何做产品，如何改变它的体验，如何改变它看用户的方式，更重要的是，如何改变商业模式。

"互联网＋"的模式，有助于完善生态链，解决传统模式下信息传递慢、响应不及时、各方无法高效协同的问题。同时，打造线上资源平台，提高资源整合能力，通过线上平台的运营进一步发展衍生服务，从而让资源获得重新配置，降低成本，提高效率。此外，还能利用有限的资源，通过高效的整合，实现批量的个性化定制需求（见图 6-2），以提高利润，获得更多盈利机会。"互联网＋"是互联网与传统行业融合发展的新业态，它不仅提高了企业内部效率，更能为企业带来巨大效益。

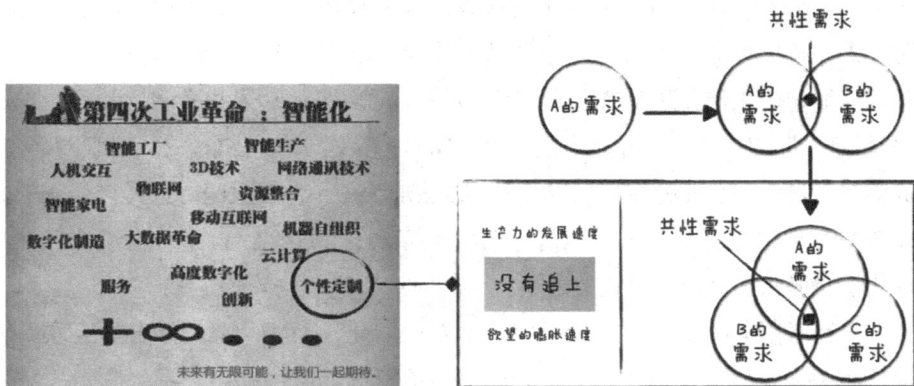

图 6-2 满足个性化需求

由上述分析可见，"互联网＋"模式是将产品现有的顾客，结合衍生需求供应链，形成互联网平台。传统企业探索"互联网＋"模式与单纯的互联网企业不同，传统企业需要通过已有的线下资源整合其优势，将原本分离的线下资源转移到线上，形成灵活的线上、线下信息资源整合，提升服务及产品质量，重视用户体验。传统企业做产品，其营销目的是找到用户购买，而互联网企业做产品，其营销目的是先积累用户，再挖掘需求，最后提供服务。

在满足共性需求之外，还应努力满足日益增加的个性化需求。通过改进用户体验，降低个性化需求的差异性，向人多的地方靠拢，人、物、数据需要充分结合，人和物会逐渐消耗并转化为大量的数据来源，然后将大量的数据作为基础，挖掘其特征性，实现增值使用。

不管用不用互联网，做产品的目的都是把产品卖出去，满足顾客的需求。所以我们从头梳理一下，看看现在的市场到底发生了什么变化。

需求连接、用户体验、商业模式是传统行业转型必经的 3 个部分。对比这 3 个部分，我们可以发现，传统行业如果要成功实现"互联网＋"的转型，需要完成以下 3 项核心工作：

（1）通过流量把人聚拢起来，对人进行管理和激励；

（2）通过支付系统、订单系统，把商品管理起来；

（3）通过线上的流程化管理，以数据驱动营销。

传统行业的从业人员大部分互联网化的程度并不高，而互联网行业的从业

人员大部分对传统领域的业务了解较少。与其让传统行业的从业人员学习互联网思维，用时间来换取经验，不如让有丰富互联网行业经验的从业者，带着互联网思维与传统行业从业者合作，互相贡献自己所长，激发更多灵感和可能性。"互联网＋"模式是将产品现有的顾客，结合衍生需求供应链，形成互联网平台。资源其实是传统企业的核心，传统企业以渠道为王，但互联网时代是产品为王。渠道与产品的完美结合本身就是可遇而不可求的，能把二者结合得恰到好处，自然就会形成一套商业模式的壁垒。

"互联网＋"的最终目的是将企业互联网化，而非简单的结合。互联网转型只是手段，转型之前，请弄清楚企业当前所面临的问题，再看互联网的接入是否能解决这些问题，以免走弯路，还浪费企业资源。

案例 6-1：

接下来，我们以家装领域为例，来更详尽地阐述"互联网＋"是如何把用户聚起来、把商品管起来的。前文中已经分析过家装领域传统模式与互联网模式的区别，见图 2-2。

传统模式： 厂家—区域总代理—分销商—消费者。这种模式导致供应链太长，且层层加价以后，到达用户的产品成本已太高。

互联网模式： 线上线下结合 +F2C（Factory to customer，即从工厂到消费者，产品生产后直接通过终端送达消费者，流通路径最短，这样可确保产品低价，同时质量和服务都有保证）。这种模式能实现去中心化、打破信息不对称的问题，缩短供应链，使得供应链的资源配置效率最大化。

现在很多传统模式开始互联网化，比如在线教育、在线装修。这几年随着互联网行业的发展，传统家装行业受到了很大的冲击。传统家装行业最需要的是规范，互联网带来的冲击并不是因为价格。传统家装模式不透明，存在历史遗留的口碑问题，消费者几乎不信任装修单位、施工队等。如何让原本无法透明的环节逐步明朗化，让用户的消费成本更低、更透明，这是机会，也是"互联网＋"能给用户带来的新起点。

装修是项不频繁但陷阱多的活儿，由于优质资源匮乏，且商品内容供应链不健全，导致大部分家装企业的互联网产品，仅仅是提供了一个更广泛的联系合作的宣传平台而已。

很多用户之所以选择互联网的装修平台，其原因大致有 3 个方面：

第一：节约时间；

第二：消费透明；

第三：质量比线下装修容易把控。

但实际情况真的是这样吗？是否存在一些问题导致无法实现单纯的"线上＋线下"呢？

问题一：差一片滋养设计师才华的沃土

互联网产品以平台利益为主，创新设计为辅。营销推广时，把硬装设计与软装设计融合在一起，容易误导消费者判断力。营销、推广，最关键的就是这两个环节。网站每一个数据的流转、每一个关键步骤的数据漏斗、用户成交量都与个人业绩息息相关。有订单才能产生收益。

因为平台提供的产品形态有限，导致无法完全满足所有用户的需求。因此，一些看起来很简单的想法，设计师却表示难以实现。因为在平台的条条框框的约束下，设计师无法大展拳脚，从而很难完全根据用户需求设计出完美的方案。比如现在很多 899 元 /m²、999 元 /m² 套餐，并不能满足用户的需求。

比如你想要打造个性化的装修风格，需要拆掉一面墙，那么问题来了：敲墙的人工费、墙体所在地面的瓷砖、铺瓷砖的费用都需用户自己掏腰包。原因很简单：你的需求不在我们的服务范围之内。也就是说，目前设计师并没有良好而健康的平台可以展示自己的实力，因此我们很难让用户脱离平台直接对接到优秀的设计师，也无法奢求能按照自己的意愿打造完全充满设计感的房子。

目前的互联网装修，最吸引众人的无非是设计师为用户提供的关于装修、关于设计、关于生活方式的专业性服务。但一进入现实，你会发现，这真的很难实现。

问题二：过分注重质量，导致创新度不够

家装市场较看重施工。除此之外，也比较注重安全性和健康性，比如公寓阳台的栏杆是否拆掉，做成一个落地窗，每日迎着阳光出门，披着月光回家？但是家里若有小孩或老人，拆除栏杆后会不会很危险？综合考虑之后——算了吧，不拆了。于是，所谓的设计就大打折扣。另外，为了保证一些关键用材的质量过关，平台提供的颜色还没有快速跟上节奏，于是设计师就无法根据用户的个性需求，为之定制不同风格颜色的装修形式。

问题三：施工过程中，角色不分明，分工不明确

施工过程的问题到底是设计师的问题还是施工方的责任？归根结底，在于缺乏真正的项目管理，导致需要提前购买和协调的第三方产品资源无人提醒。图 6-3 所示是一个互联网在线装修平台比较完整的角色与分工说明。我们可以看到，仅与用户打交道的角色就有 5 个之多，且每个角色的分工非常细，但是衔接部分不够清楚，这就会出现偷工减料的可能。

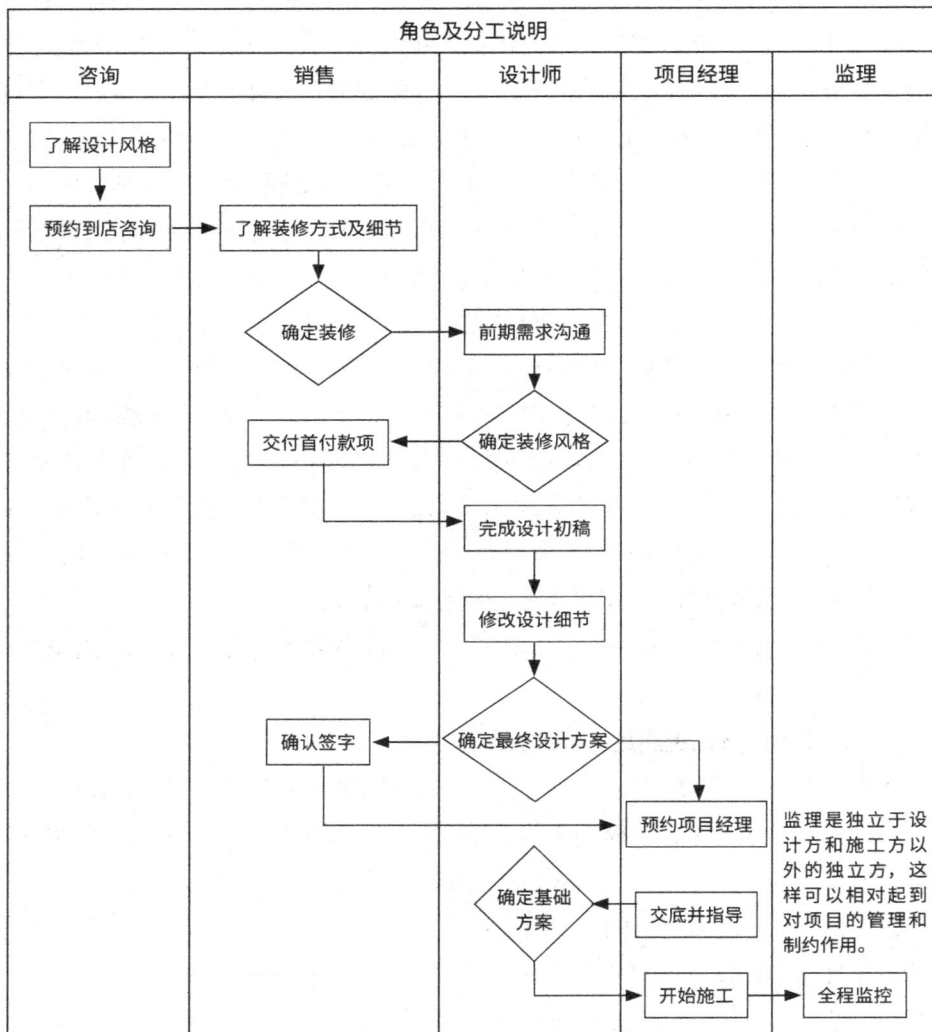

图 6-3　某互联网在线装修平台的角色和分工说明

什么是监理？网上解释是这样的："监理是独立于设计方和施工方以外的独立方，这样可以相对起到对项目的管理和制约作用。监理的责任是核对材料、工艺等问题，如果有需求，还是要找专业的第三方监理合作。"但在现实中，监理归属于平台，因此，这个角色几乎无法发挥其关键作用。

问题四：软装产品供应链不成熟，购买产品费劲

这是家装行业实现互联网化过程中最困难的一步。家具供应商鱼龙混杂，如何关联性价比高的产品，方便用户购买，是一个难题。如何合理利用 F2C 的优势，优化供应链、高效整合资源？装修的本质是将材料和人力进行组合运用，只有在完成产品、材料、供应链标准化之后，才可以利用互联网平台，获得更高效的状态。但对于装修这样多角色且环环相扣的商业模式，缺少的其中任何一个环节都会成为泥坑的入口。

综上所述，互联网让装修更简单、更具传播力，但是对于人与人强沟通的关系链产品，无论是在线教育，还是互联网装修，短时间内都不可能颠覆传统模式。所以，所谓的互联网家装，与传统线下装修最大的区别在于：前者将集客的入口改为了互联网，同时很好地整合了资金链现金流、人力储备、供应链管理、流量获得成本。

6.3 那些坑，要小心

6.3.1 从传统行业从业人员到互联网产品经理，你需要做好这 3 点（一）

很多传统行业为了拓宽自己的市场，纷纷进军互联网。对于一些企业，"互联网 +"模式已经不再适合，取而代之的一种思路是"+ 互联网"。"+ 互联网"即为在传统行业的基础之上做互联网的转移，关键在于如何找到一个懂行业又懂互联网的产品经理做好火车头，实现整件事情的触发？

在这个前提条件下，衍生了传统行业对互联网产品经理的需求，且这块市场呈逐渐扩大的趋势。用户对产品形成的使用习惯是某些企业生存发展的根本，但并非所有企业都受制于此。传统行业一般具有资金充足、工作稳定、缺乏改变等特点，与短、频、快的互联网行业相比，截然不同，因此导致两者在实际工作中出现很多冲突和问题。具体的问题可以总结为以下 3 点。

6.3.1.1 "思维转变"：做好事情还是做对事情

如何理解战略规划？那就多问自己几个 Why

转型的突破口应该是思维—系统—数据。先分析转型的痛点和确定产业互联网的模式，再谈转型。实际情况却是很多传统企业，信息化水平相当薄弱，却立志要马上进入互联网领域，这是相当不成熟的表现。对一个传统行业来讲，找到战略规划的困难点在于：传统行业的从业者几乎没有思考过战略规划这个问题。既然没有思考就没有发言权。也就是说，很多传统行业从业者基本没去思考所谓的产品规划，所以要教会这批人如何做互联网产品的第一课题就是：产品经理需要知道为什么要做这个产品。

对一个互联网产品经理来说，隔行如隔山，理解行业再深入了解行业特点后，才能做好战略规划。产品经理需要非常熟悉自己的产品，做好日常产品解构工作，才可能帮助团队中各职能人士充分认识和理解产品。

我们先来了解一下竞品分析的原理和方法。竞品分析是一款产品（广义概念包括实物、虚拟物品、服务等）在概念阶段、研发制造阶段、营销阶段、维护升级阶段前后，对同类型竞争对手的产品，所做出的具有针对性（特定范围）的客观、主观分析。竞品分析一般分为 3 个步骤：找到竞品、分析竞品、培养产品感觉。

竞品分析就是解决二者思维不统一的一个非常好的媒介：通过分析竞品的设计，倒推其具体的逻辑与原理，分模块与条目重构与选择，组合成自己的产品雏形，再思考是否有价值。基于竞品分析，将互联网分析产品的思路在案例分析的基础上，渗透到传统行业从业者心中，用最小的成本达到思维的一致性，再实施后续的需求分析及产品设计。

通常情况下，传统行业的分析思路是这样的：竞品都设计了什么功能？我们看看哪些功能合理，值得我们参考和借鉴，产品做完了就看公司如何推广和运营了。图 6-4 所示为传统行业竞品分析思路的案例。

而互联网产品经理的竞品分析思路是这样的：我们先做一轮竞品分析，把所有的直接相关竞品、间接相关竞品都罗列出来，拆分其共性功能，做逻辑推理及思维分析，找到每一个功能设置的原因与相关性，反复地推敲相关功能设置的理由和目的。

我们对图 6-4 中的研调信息做了二次整合，并提出了待解决的问题。比如关于加入金额这一项，我们从图表中挖掘出 5 个问题：

竞品名称	抗癌互助	水滴互助	众托帮	同心互助	17 互助
会员加入或退出	0 元免费加入 自愿在线退出并可退费	9 元预存加入 会员通过审核退出计划	10 元预存加入 申请退出计划	9 元预存或 299 元预存	3 元、6 元、19 元、39 元预存 会员申请退出互助金额
会员存续规则	(1) 如社员有一次因为未能履行互助义务，将自动丧失互助资格 (2) 受影响社员可自行选择退出或者留在公社履行义务 (3) 丧失社员资格后，符合条件重新加入公社的，观察期和最高权利的确定自加入次日起重新计算	会员充值账户余额低于 1 元时，将暂时失去保障，必须在 15 天进行充值，如果期间内充值则恢复互助保障的权利，否则自动退出计划	个人账户余额为 0，且在规定期限内未缴费，自动退出 有一次未能履行互助义务，自动退出	每年续保一次，上一年提前 30 天续费，当前不收年费	个人账户余额为 0，且在规定期限内未缴足，自动退出；期限为一年，每一年过后自动续期，不限次数
用户	年龄 0（出生满 28 天）至 69 周岁	年龄 0（出生满 28 天）至 65 周岁	年龄 0（出生满 28 天）至 50 周岁	18 至 50 周岁	0~17 周岁、18~46 周岁、46~70 周岁
保障范围或计划规则	(1) 抗癌互助公社：癌症、白血病及其他 29 种大病、身故 (2) 爸妈互助社暂行办法	(1) 综合意外互助计划 (2) 中青年抗癌计划，包括胃癌、肝癌等各种癌症 (3) 老年抗癌计划，包括胃癌、肝癌等各种癌症 (4) 少儿健康互助计划，包括白血病、癌症等 50 种大病	(1) 抗癌互助医疗（中青版） (2) 抗癌互助医疗（爸妈版） (3) 抗癌互助医疗（少儿版） (4) 女性健康互助 (5) 出行互助保障 (6) 学生综合互助 (7) 创业失业互助 (8) 糖友互助计划 (9) 医护人员互助（0 元加入）	(1) IT 族安康互助计划 (2) 全民重疾无忧互助计划	(1) 789 互助社群 (2) 80 后孕妈婴宝互助社群 (3) 少儿大病意外互助社群 (4) 中老年大病意外互助群 (5) 旅游、交通意外互助群 (6) 留守儿童互助群
最高保障金额	30 万元保障	30 万元保障	30 万元保障	30 万元保障	35 万元保障
观察期	180 天 /365 天	30 天 /180 天	90 天 /180 天	180 天	无 /30 天 /180 天

图 6-4 传统行业的竞品分析思路

（1）心理门槛是什么？指用户购买此产品（成为会员）的门槛是什么？

（2）履约金额是多少？

（3）存续规则如何？

（4）赔付时间和流程如何 ？

（5）加入金额与会员存续规则之间是否有制约关系？

根据这些问题进一步分析产品，得出图 6-5 所示的结果。

6.3.1.2 "自我驱动"：执行之前学会沟通想法

如何做好一个执行者？那就多问自己几个 How

作为传统行业人士，要转型，除了学会思考之外，还需要勤劳主动起来，把你的想法写下来，形成文档，能一句话说清楚的就不说两句，且要让别人能够看懂，再通过互联网向前辈们多请教；主动培养职场沟通的能力，以便在工作中更好地传达自己的态度和观点；多与身边的朋友、相关人员、专家交流，思考别人给你的建议，不断完善自己的方案；持续重复以上思考和沉淀的过程。

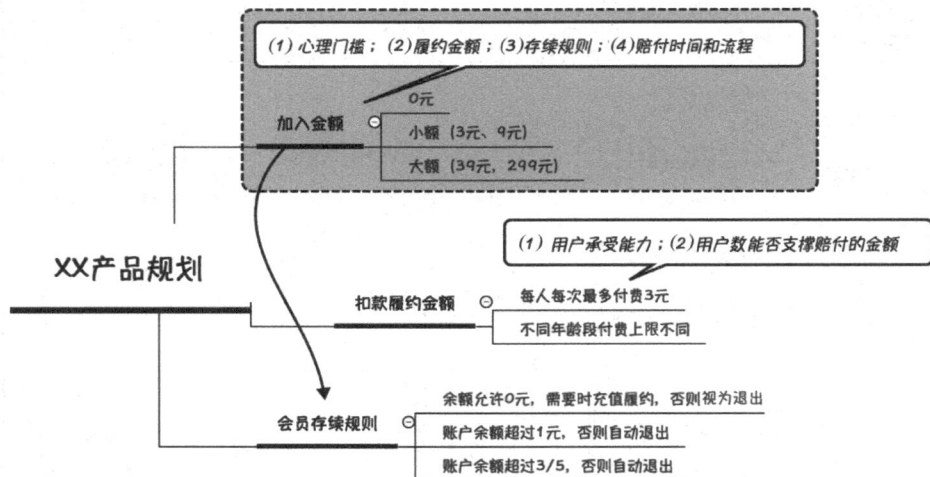

图 6-5 互联网思维之竞品分析

切记，不爱说话的人是不适合转型的，只有多沟通，才能解决如何执行的问题，且通过沟通促进思考，充分思考过后再执行，出错的可能性会大大降低。培养沟通能力，是一项很划算的投资。

加强沟通后你会发现，一个传统行业人士向互联网产品经理转变的第二步就逐渐迈出了。因为你已经开始从被动做事到主动寻找需求了。每个人都是项目链中的一个环节，没有人能独自完成所有的事情，都要与别人协作。而协作绕不开的就是沟通、交互，换言之，没有沟通什么事情都做不成。无论是对领导，还是对用户、团队等，没有沟通，必定寸步难行。要做好改变，第一步就是自我驱动，保持良好的沟通，才可能激发灵感，找到出彩的"点子"。

6.3.1.3 "调动团队"：充分利用团队而非单干

如何合理调动一个团队？那就多问自己几个 How

独干是传统行业与生俱来的生存法则，乐于分享是互联网行业的最大特点。传统行业人士长期处在一个固定的职责范畴，通常情况不会去思考所谓的团队。如果你要成为一个互联网产品经理，请牢记，团队是你成功的一个关键因素，杜绝蛮干和个人主义，请充分利用你的团队。

与研发人员：告诉研发你要做什么，让研发尽早参与产品方案的讨论，给他们足够的主人翁思想及控制感，而不是只把研发当搬运工；

与设计人员：设计师是帮助你的产品变得美好的匠人，与之多沟通，并提高自己的审美能力，充分且清晰地表达你的需求；

与运营人员：没有运营思维的产品经理不是好产品经理，提高运营思维，和运营同事打成一片，让自己从孤军奋战变成团体协作。

6.3.2 从传统行业从业人员到互联网产品经理，你需要做好这 3 点（二）

良好沟通是成功的一半，产品经理需要知道为什么要做这个产品？怎么做？如何做？怎么做好沟通？

作为互联网的产品经理，做一个从 0 到 1 的产品，第一步就是"市场调研"，接下来我们就看看一个互联网产品经理是如何做市场调研的，他是如何正确地走入一个传统行业的世界的。

传统企业在面对互联网所带来的崭新市场环境时，一方面，市场调研要引领企业去适应正在出现的"互联网＋"的需求。另一方面，又必须为企业在新环境中的运作和经营进行规划，以避免企业陷入被动的尴尬境地。传统行业在互联网的冲击下，逐渐从被动转变为主动，开始发挥优势。对于传统行业而言，其优势包括自身资源非常丰富，服务及市场积累多年而且深耕垂直细分领域。

那么对于一个努力从传统行业转型到互联网产品行业的人来说，由于线上线下的差异，传统企业的管理层很少具备互联网思维，较难形成有效的数据共享和服务意识，同时在缺乏互联网思维的情况下，对方向和内容的判断往往差强人意。从线上到线下的一个重要资产就是"人"——只有人才能深入线下去控制资源。

对于产品经理来说，做好行业内的调研，并结合自身的专业知识辅助团队往互联网模式转变，合理且有效地沟通，解决变革的不适感，是几大难题。

1. 明确市场调研的目的：与决策者沟通后找到目的，再行动

与其说让传统企业转型，不如说用互联网技术来优化流程、提高效率，转变传统思维。要转变传统思维，首先应转化决策者的思维。在互联网行业，产品经理即为转变决策者思维及决定的重要角色之一。

深入了解行业背景，全面调研市场，科学且有目的性地调研，为决策者提供有理有据的思考方式，以最高效的方式完成调研。

2. 市场调研的方法：找到熟悉业务的人沟通，以定性的方式，跟着专业的

人去调研，请不要在不了解行业的情况下，贸然调研

举个例子：××事情看起来不行，那么为什么不行呢？作为产品经理，你应该知道，执行之前找到不行的原因才是调研的开始。

找到原因后，产品经理需要通过与各方沟通，记下你觉得能够撬动问题的点，汇总调研情况，以 Excel 表或者其他文档形式，形成一个全面的情况汇总报告。

3. 分析市场调研结果：调研结果是否有助于决策者做后续决定，如果不能，那么调研失败；如果能，就继续沟通决策者的下一步需求是什么。根据前期的预判，找到更深入的调研目的。

4. 确定进一步调研的方向：根据前期的结论明确进一步调研的方向，细化调研结果，将结果图表化、定量化，找到共性和差异点，大胆假设，小心求证，得出理性的推论，再根据推论进行下一轮沟通。

沟通的目的就是找到推论的可能性。这个阶段除了对整个行业市场进行重新梳理，还需对核心竞品做一轮分析，分析的方式类似完成一个思维导图，把竞品的功能以思维剖析的方式，进行展示整理，如图 6-6 所示。

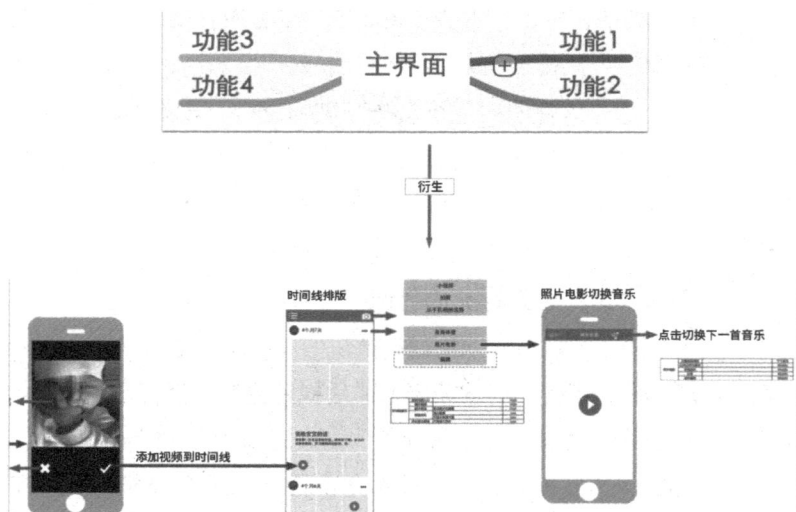

图 6-6　思维导图的使用

这样画图的好处：更加全面地展示了整体功能，每一个特征都能细化到最小单元，对一个产品的结构能全面剖析；以类似思维导图的梳理方式，把核心功能梳理一遍，会对产品的更多细节了解得更透彻。

前文我们提到过，对一个传统行业来讲，找到战略规划的困难点在于：传统行业从业者几乎没有思考过战略规划这个问题。那么如果你想从传统行业从业人员转变成为互联网的产品经理，以上的市场调研，竞品分析是免不了的，只有做好充分的调研和分析工作，我们才可以开始做"产品"。

6.3.3 从传统行业从业人员到互联网产品经理，你需要做好这 3 点（三）

经过了艰难的需求挖掘，以及对产品设计的无数次打磨后，我们手上至少应该有："1 份产品设计文档 + 1 份功能清单"。拿着这两份文档，产品经理就可以开发产品需求了，如图 6-7 所示，一个产品的研发测试周期也就此开启。

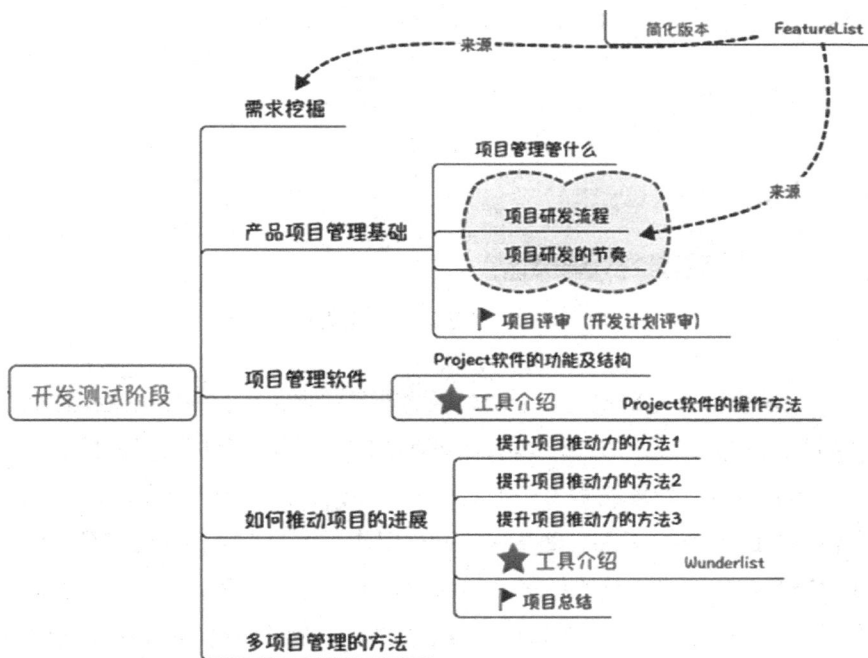

图 6-7 开发测试流程介绍

图 6-7 展示了整个开发测试阶段产品经理的工作内容和文档说明，那么对于产品经理而言，这两份文档的作用和意义究竟是什么呢？产品设计文档，是把产品的基本功能和交互说明清楚的媒介，文档的结构为总分结构，即现有产品

的框架，再分页完成每个功能的细节图。对于每张图，应标注图片的功能解释，如"1.x 首页 _ 搜索"，这样的映射关系能更好地帮助团队成员阅读功能清单。功能清单，顾名思义就是关于功能的说明清单，清单结合产品设计文档，把每一个页面的功能一条条说清楚，如图 6-8 所示。

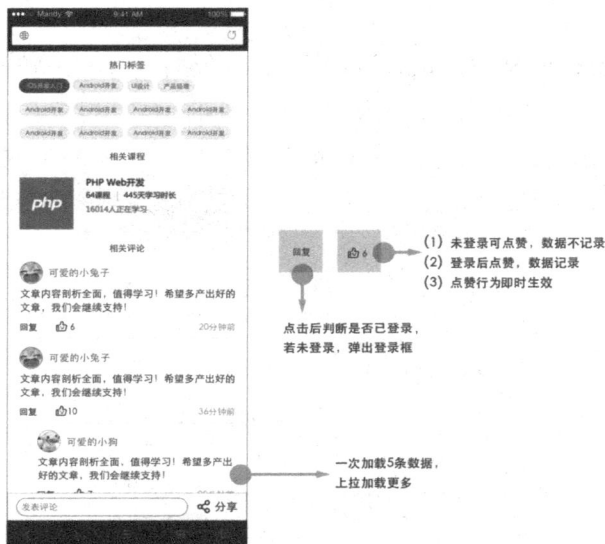

图 6-8　交互设计与交互说明

这两份文档合起来就是一个精简版的产品需求文档。制作交互设计文档对于产品经理的功底要求很高，其中对交互的理解、逻辑分析，能看出一个产品经理的实力，所以如果能做出一个漂亮的产品设计图，一方面能让项目组的不同角色如 UI、前端、后端、测试人员并行工作（因为大家能通过产品设计图快速明白产品最终要做成什么样子，如何开始），另一方面能让产品经理对产品研发周期把控得更准确（因为对产品考虑得越多，后期犯错误的概率就越小）。

在项目组评审后，项目组成员根据产品经理给出的这两份文档，在充分理解 FeatureList 内容的情况下，预估工作时间。UI、开发、测试人员分开评估，最终由产品经理整合成甘特图，推算出上线时间即可（开发评估可以用线上的工具替代，如 JIRA，在此只说明方法，不局限工具），如图 6-9 所示。

模块	功能	子功能	说明	研发工作量（天）	研发负责人	UI 工作量（天）	测试工作量（天）
视频播放页	可能内容	视频播放 + 视频内容	1. 可能章节：显示前 5 章节，点击查看更多，展开内容；				
	学习交流	学习问答	抓取 pc 上问答模块内容，展示最新 5 条即可；				
	下载 APP						

图 6-9 功能列表与项目时间表

一个产品被设计人员开发出来后，一般是以一个项目的形式推进，再小的公司，产品经理也会做项目管理。对于传统行业，互联网项目通常由独立部门来做。有了项目开发进度，可以认为开发测试阶段开始了，接下来就是产品经理耐心陪伴研发人员一起推进。一个"Team"的协作就此拉开了帷幕。

产品上线后就是运营推广了，产品与运营是相辅相成的：产品运营专注于通过一切手段让产品运转得更好、更久；运营中会发现新的用户需求和产品设计存在的问题，从而又会影响到产品设计。在大型公司，一般情况下营销的模式比较固定，也拥有较好的资源，所以在传统行业做产品，运营和推广的压力相对较小。

本节我们讨论了传统行业转型的方方面面并给出了可能出现问题的细节点，希望对你的工作开展有所启发。对于传统行业而言，做好互联网产品的核心是：做好线下线上一体化设计，从而突破业务的局限。

6.4　传统教育如何互联网化

6.4.1　在线教育，不只是"线上 + 线下"

近年来，"互联网 +"行动计划和大数据已不是什么新鲜说法了。在过去的 30 多年中，很多企业凭借劳动力资源、土地资源等优势取得了高速发展，如今，技术已取代了市场、劳动力，成为影响企业发展最重要的外部因素，成为驱动企业发展的新引擎。

以云计算、大数据、人工智能为代表的新兴技术，已经开始和传统行业的业务领域深度融合，技术已开始驱动商业模式发生变革，而不仅仅是一种营销和传播的手段。目前常见的教育模式有 2B 和 2C 两类，如图 6-10 所示。

在线教育两种模式

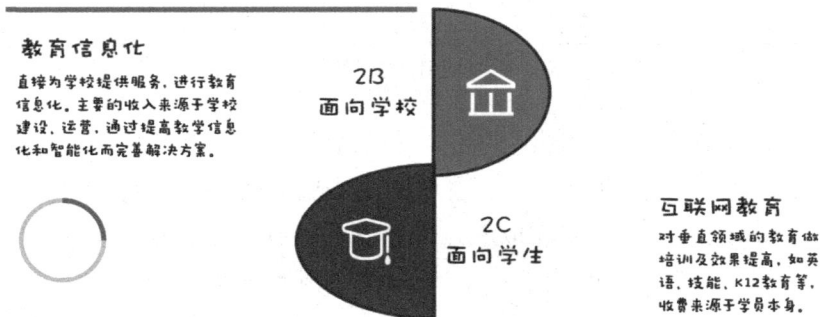

教育信息化
直接为学校提供服务，进行教育信息化。主要的收入来源于学校建设、运营，通过提高教学信息化和智能化而完善解决方案。

2B
面向学校

2C
面向学生

互联网教育
对垂直领域的教育做培训及效果提高，如英语、技能、K12教育等，收费来源于学员本身。

图 6-10　在线教育的两种常见模式

模块化—数据化—个性化

无论是 2B 还是 2C，线上为线下提供辅助，是最健康且合理的在线教育模式。

传统教育模式中，教师对学生的评价，绝大部分来自考试成绩及较为主观的判断。而互联网模式下的教育模式，核心是为学生自我发展、教师教学反思、学校的质量提升提供基于数据分析的支撑，从而减轻教育评价体系的负担，同时采用统一的标准进行评价，在一定程度上提升了评价的准确性。

其中，数据分析＋可视化能让学生、老师、家长三方都更全面地了解学生的学习情况，更重要的是老师会根据大数据的分析，对教学内容进行针对性的调整，管理人员同时也可以根据科学的数据支撑进行学校资源管理。

我们知道，在线教育的核心就是解决传统教育的问题，如教育公平性、教育质量、招生就业、教学管理等。其中大数据能给传统的教育模式提供科学、合理且可量化的评定和依据，达到助力教育个性化、因材施教的目的。

教学本身是一个由学习者、教师、教学材料以及学习环境等构成的系统。因此在教学设计中，应坚持系统观，充分重视系统中各角色所起的重要作用，充分重视这些角色之间的有效互动。利用互联网进行在线学习与教学设计，可参考图 6-11 所示的 ADDIE 模型，此模型我们在 4.2.3 小节中曾提及过。

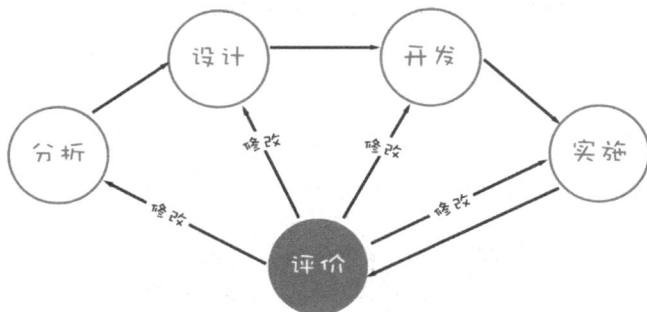

图 6-11 ADDIE 模型

当然，教育行业数据分析与应用体系的轮廓将逐渐清晰，教育大数据产生于各种教育实践活动，其核心数据源头是"人"（如学生、老师、教务人员及家长）和"物"（如多媒体、网站、平台等）。教育大数据囊括了教学类数据、管理类数据、科研类数据、服务类数据。这些数据包括过程和结果两个方面。

传统的教育模式采集的教育数据主要以管理类、结构化、结果性为主，而在线教育则会更全面深入地采集学习行为、学习兴趣、学习动机、家校沟通、课堂互动等较为隐形的数据资源，进一步增强教育决策的科学性。

流程＋效率―创新颠覆

教育是一个超级复杂的系统，其大数据领域并不存在清晰、固定的分析流程与方法。所以，对于在线教育的从业者而言，应认真思考自己的商业模式和教学效果，真正在教学效果、学习效率和成本控制方面超越线下，并且保留线下的核心优势，使二者结合形成更为全面的教学模式。虽然单纯的线上教学可以存在，但不会形成绝对的优势。

真正的线上教育当是引爆线上线下结合之混合模式的教学，这样才能形成更有规模的未来教学范式。通过学习行为数据采集在线平台学习行为、日常生活学习行为，然后通过深度学习分析机制，给予评估，最终让老师、家长、管理人员对分析结果给予科学的干预。整个循环过程中，学生会成为分析结果的受益者。模型会循环往复，周而复始地迭代更新，从而提高数据分析的精确度。

从某种意义上来讲，教育大数据的模型不是被发现的，而是被设计出来的。需要长时间对某一个学科进行深入研究，对其教学内容设计进行全面挖掘，寻找到可能需要数据记录以提高的部分，以教学设计为基础做粒度足够小的数据

采集、数据处理及数据分析。就目前的市场调研来看，存在 7 大教育数据分析模型，如图 6-12 所示。

图 6-12　教育领域的数据分析 7 大模型

　　学习始终是一个人与人互动式的过程，不可能完全脱离人而依赖机器。所谓的智能化、大数据，只是通过机器采集行为数据，然后为教师的教学设计提供一些科学的参考及分析，以工具的角色辅助教师的教学，辅助的效果就是考验产品体验的关键因素。对于教育行业的从业人员来说，应积极挖掘学校资源，尽可能地深度剖析，全面理解并挖掘基础教育业务需求，参与教学设计，增强教育数据分析模型的科学性。

案例 6-2：

　　以起点学院小课堂为例，讲解传统教育"线上化"是怎样炼成的。

　　1. 为什么传统教育逐渐线上化

　　我们知道，对于教育这类重要且强需求的产物，高效、便捷化已经成为其发展的趋势。在此趋势之下，"在线教育"的模式的兴起解决了传统教育的弊端。

　　传统教育的弊端在于其深受时间和空间的影响，某些物资匮乏、师资紧缺的地区的学生难以得到系统性的教育，甚至教育机会对于那些学生来说都是奢侈的。网络科学技术的发展，信息化建设进程的加速，给予了在线教育生存和发展的土壤。相较于传统教育而言，在线教育的优势在于：

第一，摆脱了时间和空间的局限，让有学习需求的人随时随地都能学习；

第二，最大限度利用优质教育资源，为老师提供传播知识的平台，提高教育的普及度，让更多的学生能够接受教育；

第三，传播范围广，通过互联网技术将教育资源传播的效率最大化；

第四，便于宣传，学校、教育机构能够借助线上教育平台宣传教学成果，展示学科优势和教育资源优势。

2. 在线教育平台应该怎样"卖"好自己的产品

纵观各大在线教育平台，基本都是利用巨头公司投入的资源和流量，连接教育机构和学生，监管教学质量，优化平台生态，为学生提供教育服务。它们的核心价值无外乎两类：内容和服务。

内容方面：绝大多数在线教育产品都涵盖录播课程、在线习题、各类学习资料（项目源代码、各种辅助文章等）、直播授课。

服务方面：包括职业课程或者就业课程的体系包装、直播课程的在线答疑和小部分讨论社区及群组的组建。其中较为突出的服务模式是提供就业型课程。就业型课程一般是根据学生的就业需求，提供一对一在线服务，加上辅助课件等资料、随堂答疑等个性化服务，最终实现就业培训，满足学员求职的核心需求。

在线教育平台一般有三大"卖"点：课程、服务及老师。以起点学院为例，接下来我们就具体分析在线教育平台如何"卖"产品才能卖得出彩。

（1）卖课程：视频、直播、问答

起点学院的主要特点是：课程多样、内容丰富、提供服务个性化。课程主要通过视频、直播、问答等多种形式传授，方式多样，教学灵活。起点学院既有大量免费的学习课程，给刚入行的初学者科普理论知识，也有多种体系化的付费学习课程，供用户进阶提升。

起点学院区别于其他培训机构，其核心优势是：

第一，内容生态体系完整，囊括从初阶到高阶的产品、运营、设计等课程，以 BAT 内部课程体系为基准，构建权威课程体系；

第二，师资力量大、背景雄厚，专攻领域多样，老师均为 BAT 出身且拥有丰富的实战和教学经验；

第三，服务体系完善，以学员为中心，实行差异化教学，注重口碑体验；

第四，学习形式多样，线上学习线下巩固，理论实战兼备，夯实学员基础；

第五，学、练、测、考、评循序渐进，合理灵活地跟踪考查学员的学习效果。

优质的课程内容、雄厚的师资力量、个性化的教学服务等，是起点学院能在众多培训机构中打造出差异化优势的主要原因。

（2）卖服务：线下实训、就业指导

学习一般是以结果为导向的。很多用户最核心的诉求是就业。起点学院为付费用户提供课程辅导、就业指导两大服务。其中在就业指导方面，起点学院提供"就业特训营"，为大学生及职场新人提供全方位的就业培训。从职业规划到就业推荐，导师点对点教学及答疑，一条龙服务，为付费用户提供更为专业的就业辅导，拉近供给双方的距离。在二者深度合作之下，一方面让学员能有奋斗的目标，另一方面为招聘方提供更多的专业人才，降低了招聘成本，最终获得双赢的局面。

与大部分"保就业"的培训机构相比，起点学院的就业服务更加务实。以学员利益为中心，提供体系完善的指导与沟通。为学员提供专属的就业培训，不过分包装，只量身定做。结合定制化的项目培训，一方面提高学员本身的职业技能，另一方面增加学员的行业知识与实战经验，帮助其最终获得优质的面试机会和应聘机会。

（3）"卖"老师：打造教育界网红

教学教研内容是教育的核心，教育之魂是师资。在教育领域，教学环节依然重度依赖于老师。无论是传统的教育模式，还是现有的在线教育，师资力量始终是同行间最高的壁垒。

对于一所学校或者培训机构，能吸引学生最核心的点是传播教学内容的老师。以起点学院为例，借助"人人都是产品经理"的平台优势，起点学院从平台中挖掘并培养了明星导师，再借助平台整体流量，以公开课、沙龙等多样化的运营手段聚合目标用户群，然后辅以深度运营的方式，完成学员转化。在整个转化过程中，学生不是被动的用户，而是老师的忠实粉丝，愿意持续消费，对平台的信任度也越来越高。

所以，无论是在线教育与传统教育的博弈，还是在线教育平台之间的较量，要让用户认可，最关键的一点就是要掌握优质的教师资源。

3. 在线教育产品不应该脱离教育本质而存在

教育的核心价值：为需求方提供内容或者服务。在线教育的目的是以最低的成本、最高的效率，达到最优的效果。

教、学、练、测环环相扣，以内容为驱动，形成闭环。在线教育并非只做流量生意，产品必须实实在在提供服务，服务质量要严格把控。用户的整个学习过程都要在这里完成，不同课程的教学方法不同，因此不存在通用的解决方案。因材施教才能满足千人千面的现实情况。

在线教育的本质依然是教育。互联网本身并不创造价值，互联网的技术并不能替代传统教育的核心，只能让二者融合并创造更大的价值。如果在线教育不能形成一个完整的闭环，那么它就无法为自己争取到一个独立的教育存在方式。

案例 6-3：

从高校教育的痛点入手，谈教育产品如何合理融合线上线下。

对于高校而言，产品的定制化属于 B 端产品设计的范畴，所以在案例分析之前，我们先总结设计 C 端产品与 B 端产品之间的区别，见表 6-1。

表 6-1 设计 C 端产品与 B 端产品之间的区别

对比点	C 端	B 端
产品定位： 效率比体验更重要	帮助用户高质地使用一次产品	帮助企业高效地做成一桩生意
产品设计： 对灵活性要求更高	按照既定路线，固定游戏规则	产品主要工作：增加、删除、修改、查询
业务方向： 促成交易是重中之重	流量、日活、留存都有价值	打通决策环节的每一步，试错前进
用户群特点： 用户的目的性更强	暂无目的	用户会带着明确的目的去使用产品
功能设计： 讲究大、全、稳定	每一步都希望有好的体验，小步迭代	功能完善后才能上线一个版本

前文中我们已经得出这样的结论：在线教育的本质依然是教育。互联网本身并不创造价值，互联网的技术并不能替代传统教育的核心，只能让二者融合并创造更大的价值。基于表 6-1 的总结，结合以上结论，以高校为切入点，我们来分析如何将线下教育产品充分"线上化"。

首先，我们预判高校的核心痛点是如何提高招生的投资回报率，做到低成本招生，规模化扩张。具体的表现形式有以下三种：

1. 对于高校来说，较长时间内，在线教育仅能作为学习过程的辅助的手段；

2. 软件系统还不能完全替代人，它只能帮助部分环节加强沟通、提高效率、提升体验，教育本身仍然需要专业的教育工作者；

3. 能够通过技术与内容，节省学生的学习时间，提升机构的运营效率，未来一直会有市场。

然后，我们分析未来可能存在以下问题：

1. 现在高校的需求和问题是阶段性的，还是长期的？未来会如何发展？

2. 在线教育在未来的 3 ~ 5 年，核心需求及难点是什么？我们需要储备什么样的能力去应对未来的变化？

接着，我们整理高校的痛点问题：

1. 因为地域差别导致的师资数量和水平不平衡；

2. 科研项目少，教师提升专业技能空间有限；或者有项目，但教师实施能力不足；

3. 生师比例较高，学生学习效果差，助教没起到作用；

4. 教学内容不足，例如课件落后、考评过时、几乎没有实训项目等，新开专业对部分学生不开放。

针对以上痛点，我们提出解决方案，具体如下：

1. 对于高校现有专业或者新开专业，给予新进教师在线培训的机会，不仅有技能培训，还有教学设计指导；

2. 运用教学过程管理系统，即配合线下教学的线上系统，包括预 / 复习环节、日常考核、期末题库、资源发布（PPT、源代码、软件等）、课堂现场互动活动（抢答、投票、头脑风暴）等；

3. 适应高校新开专业的意向，提供较为全面的课件、项目、考评资料、教材等。为高校相关活动整合社会资源，例如优质课程内容制作、实训项目设计、图书出版等。

由此可见，互联网教育与传统教育融合的方案总结起来大致有三种：以结果为导向的内容共建；以效率为核心的工具支撑；以定制化服务为主的解决方案。

这三种方案都是为了最终辅助高校解决招生成本高及规模化扩张难的问题。

无论是互联网教育（线上）还是传统教育（线下），二者存在的核心价值都是为需求方提供内容或者服务。二者较好结合的核心目标是使其提供的内容及服务更有效、更合理。

6.4.2 关于在线教育，我们还有这些机会

目前我们对于在线教育的简单理解为内容 + 系统，它提供给了教学参与者新的沟通和表达形式。

6.4.2.1 创新与理念

如图 6-13 所示，在线教育大致分为学龄前教育（如幼儿教育）、K12（包括小学、初中、高中）以及职业教育这 3 个部分。

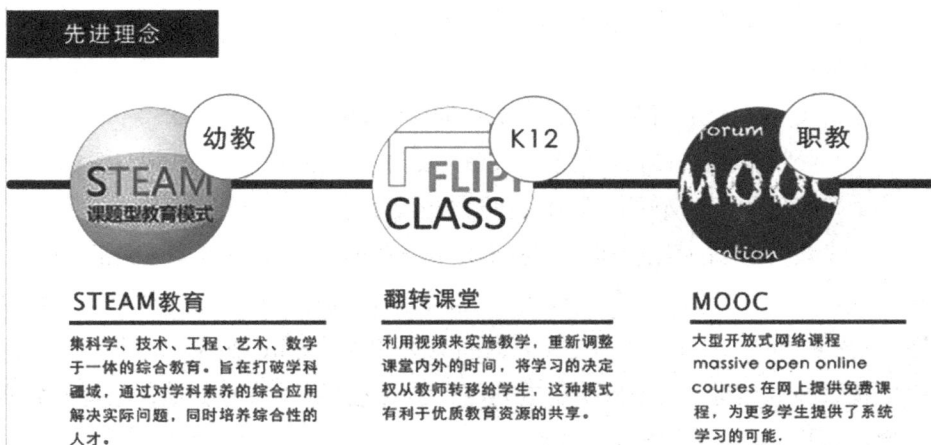

图 6-13 教育领域的 3 种概念及说明

6.4.2.2 机会和挑战

两类学校试点：个性代替全面

目前教育领域大数据的作用侧重在基础教育，通过优化学生成长路径，转变新理念，把教育向服务方向转换，为学生提供更全面的发展机会。大数据会帮助家长通过孩子的学习数据和心理测评数据更好地了解孩子，更合理地规划兴趣拓展，更客观地选择文理分科，更科学地进行志愿填报。总之，大数据能帮助家长为孩子更好地判断未来。

1. 幼儿园

定位：利用大数据采集与分析，基于 App、在线平台，为幼儿园教学、儿童成长监测、校园安全监测提供支持。

案例："基础＋选择性"课程结合，通过数据采集与分析，为教师提供更为精确的教学设计依据。

目的：挖掘学生的个性发展方向，让学生健康快乐成长。

2. K12

定位：利用大数据革新课堂交互模式。

方法：

（1）确定学生的有关数据；

（2）了解对于学生的学习来说什么是真正重要的；

（3）有针对性地为学生提供合适的教学。

案例：

（1）ClassDojo：师生之间的实时沟通交流平台。

（2）智能设备：监控运动量，关注学生身心健康。

（3）智慧校园：硬件＋软件，推进校园管理。

在线教育未来的发展方向是"标准化＋产业链"，"提升效果＋精准匹配"。关于教育领域大数据的采集与设计，现实存在的问题包括纸质作业仍未全面电子化，大多数家长并不允许孩子们长时间地使用移动设备；数据采集过于碎片化，并不构成线性结构。若要解决这些问题，必须先想办法拿到数据，这是大数据在教育领域应用分析中最核心的难点。

根据《中华人民共和国民办教育促进法》的最新修订，我们有了如下启发。

（1）此次修订最核心的内容就是对"营利性"和"非营利性"教育机构的界定，使得非义务教育阶段的细分领域受益，其中幼教和职业教育受惠程度较高。

（2）在幼教领域，伴随着全面放开的二胎政策和 1986 ~ 1990 年婴儿潮人口进入生育高峰，民办幼儿园的数量和在园人数不断攀升。2015 年全国有 22.37 万所幼儿园，其中民办园为 14.64 万所。

（3）在幼教领域，普惠园和高端园的二元结构日益明显，高端幼儿园的利润空间较大，高端幼教整体解决方案的提供商将是下一波浪潮的领跑者，如图 6-14、图 6-15 所示。

无论是互联网教育（线上）还是传统教育（线下），二者存在的核心价值都是为需求方提供内容或者服务。二者较好结合的核心目标是使其提供的内容及服务更有效、更合理。

6.4.2 关于在线教育，我们还有这些机会

目前我们对于在线教育的简单理解为内容＋系统，它提供给了教学参与者新的沟通和表达形式。

6.4.2.1 创新与理念

如图 6-13 所示，在线教育大致分为学龄前教育（如幼儿教育）、K12（包括小学、初中、高中）以及职业教育这 3 个部分。

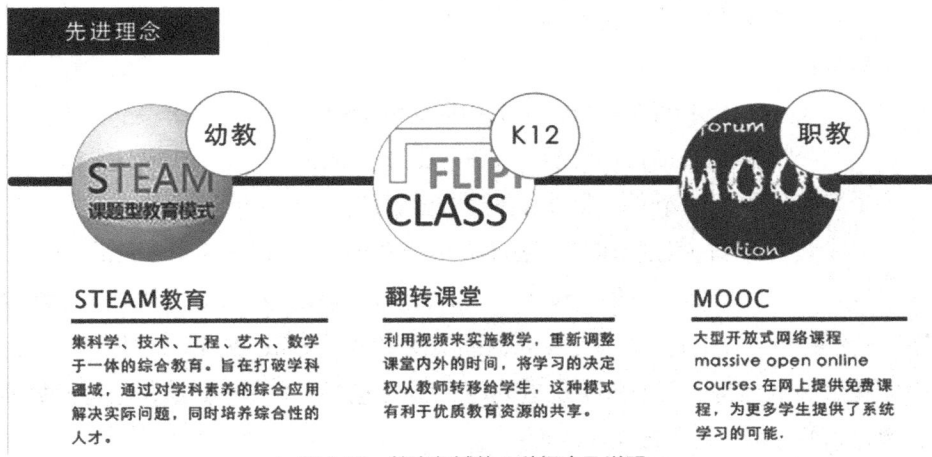

STEAM教育
集科学、技术、工程、艺术、数学于一体的综合教育。旨在打破学科疆域，通过对学科素养的综合应用解决实际问题，同时培养综合性的人才。

翻转课堂
利用视频来实施教学，重新调整课堂内外的时间，将学习的决定权从教师转移给学生，这种模式有利于优质教育资源的共享。

MOOC
大型开放式网络课程 massive open online courses 在网上提供免费课程，为更多学生提供了系统学习的可能.

图 6-13 教育领域的 3 种概念及说明

6.4.2.2 机会和挑战

两类学校试点：个性代替全面

目前教育领域大数据的作用侧重在基础教育，通过优化学生成长路径，转变新理念，把教育向服务方向转换，为学生提供更全面的发展机会。大数据会帮助家长通过孩子的学习数据和心理测评数据更好地了解孩子，更合理地规划兴趣拓展，更客观地选择文理分科，更科学地进行志愿填报。总之，大数据能帮助家长为孩子更好地判断未来。

1. 幼儿园

定位：利用大数据采集与分析，基于 App、在线平台，为幼儿园教学、儿童成长监测、校园安全监测提供支持。

案例："基础 + 选择性"课程结合，通过数据采集与分析，为教师提供更为精确的教学设计依据。

目的：挖掘学生的个性发展方向，让学生健康快乐成长。

2. K12

定位：利用大数据革新课堂交互模式。

方法：

（1）确定学生的有关数据；

（2）了解对于学生的学习来说什么是真正重要的；

（3）有针对性地为学生提供合适的教学。

案例：

（1）ClassDojo：师生之间的实时沟通交流平台。

（2）智能设备：监控运动量，关注学生身心健康。

（3）智慧校园：硬件 + 软件，推进校园管理。

在线教育未来的发展方向是"标准化 + 产业链"，"提升效果 + 精准匹配"。关于教育领域大数据的采集与设计，现实存在的问题包括纸质作业仍未全面电子化，大多数家长并不允许孩子们长时间地使用移动设备；数据采集过于碎片化，并不构成线性结构。若要解决这些问题，必须先想办法拿到数据，这是大数据在教育领域应用分析中最核心的难点。

根据《中华人民共和国民办教育促进法》的最新修订，我们有了如下启发。

（1）此次修订最核心的内容就是对"营利性"和"非营利性"教育机构的界定，使得非义务教育阶段的细分领域受益，其中幼教和职业教育受惠程度较高。

（2）在幼教领域，伴随着全面放开的二胎政策和 1986 ~ 1990 年婴儿潮人口进入生育高峰，民办幼儿园的数量和在园人数不断攀升。2015 年全国有 22.37 万所幼儿园，其中民办园为 14.64 万所。

（3）在幼教领域，普惠园和高端园的二元结构日益明显，高端幼儿园的利润空间较大，高端幼教整体解决方案的提供商将是下一波浪潮的领跑者，如图 6-14、图 6-15 所示。

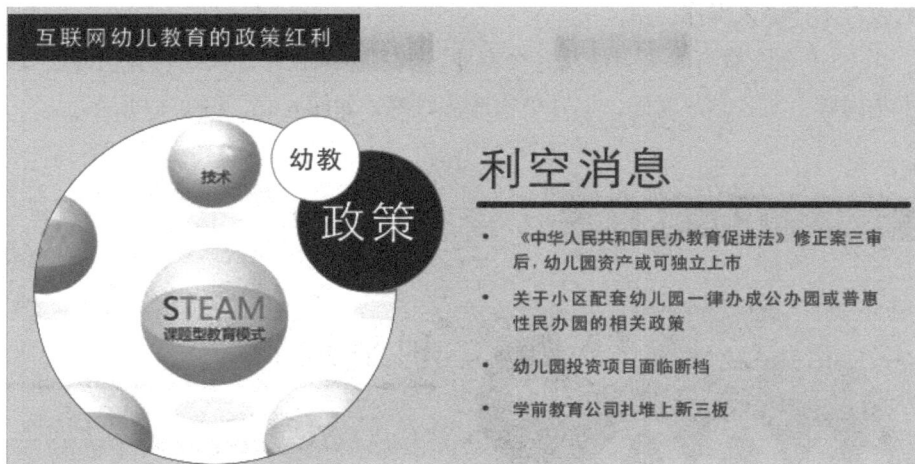

图 6-14　互联网幼儿教育的政策红利

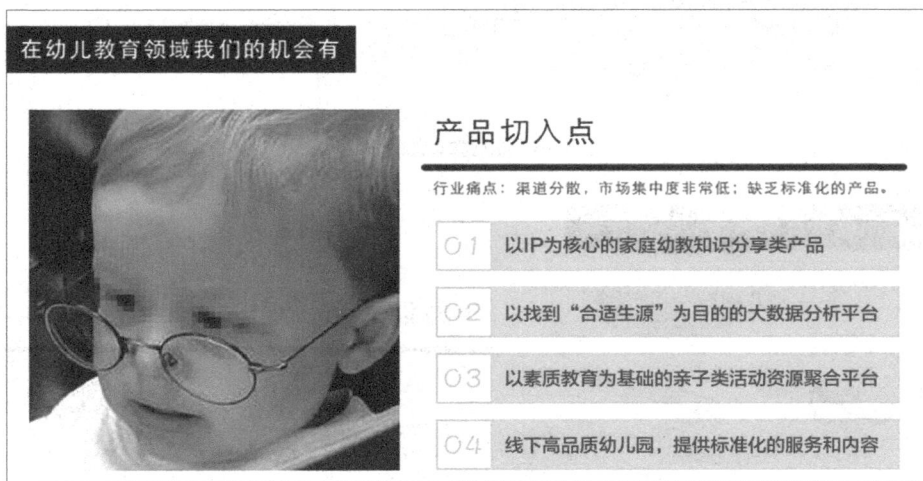

图 6-15　幼儿教育领域的产品机会点

6.4.2.3　需求及痛点

（1）对于高校来说，在较为长期的时间内，在线教育只能作为教学过程的辅助；

（2）内容（包括视频、文字、图片等形式）能够解决知识传递的部分问题，软件系统也只能解决部分环节的沟通、效率、体验问题，教育本身（如教学目标拆解、教学内容设计、教学项目设计、提升学生学习动力等）仍然需要专业

的教育工作者来操作。

（3）在线教育未来会涉及各个专业，较之传统教育，在线教育能够通过技术与内容，节省学习时间，提升机构运营效率，如图 6-16、图 6-17 所示。

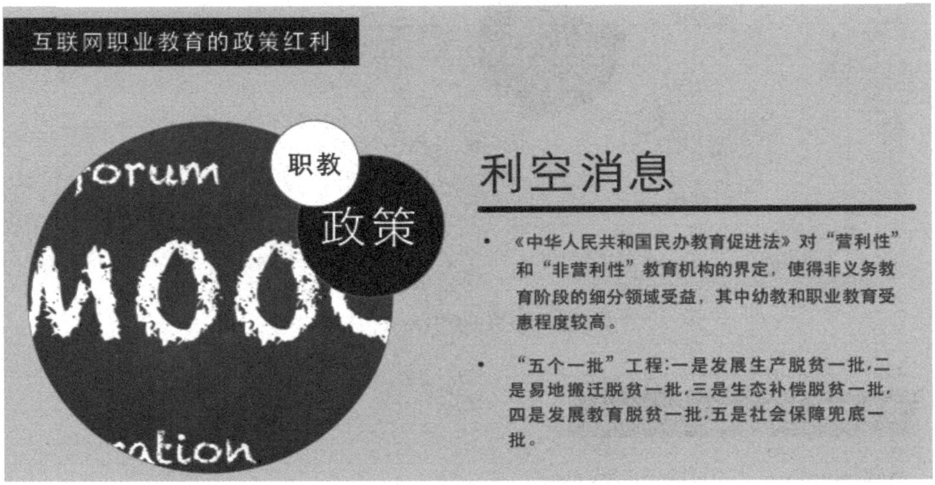

图 6-16　职业教育的政策红利

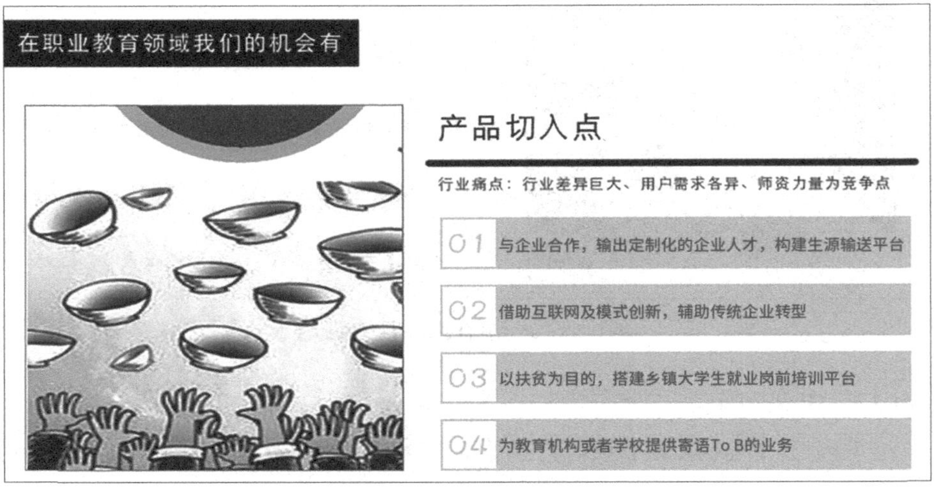

图 6-17　职业教育领域的产品机会

纵观各大 IT 职业在线教育机构，无外乎拥有"内容 + 服务"这两类卖点：在内容方面，绝大多数涵盖了录播课程、在线习题、各类学习资料（项目源代码、各位辅助文章等）、直播授课。服务方面比较热门的有职业课程或者就业课程的体系包装、直播课程的在线答疑和小部分的讨论社区及群组。

基于这两个大方向的卖点，提炼出的收费模式包括单课程打包售卖；会员包月、包年模式；通过"内容＋服务"，根据学生的就业需求定制的各类就业班课程；通过一对一在线服务、辅助课件资料、随堂答疑等，完成一口价的收费模式。

6.4.2.4 红海 or 蓝海

对比学龄前教育，还有一块比较大的领域就是 K12，以下是对整个大市场环境的分析：

（1）目前我国处于 K12 教育阶段的人口高达 1.8 亿，预计 2020 年将达到 2.12 亿；

（2）2015 年我国 K12 在线教育市场规模约为 359 亿元，预计 2020 年将达到 1 100 亿元左右，未来 5 年复合增长率约为 25%；

（3）K12 领域只占互联网教育市场 2.7% 的份额。

6.4.2.5 产品及形态

（1）家教辅导：课程、教材、教辅、学习资料。

（2）"硬件＋内容"：利用 PC、手机、iPad、VR/AR、电视机顶盒实现内容迁移。

（3）平台合作：基于大数据完成内容标准化。

6.4.2.6 问题及发现

（1）整个教育行业目前不存在大数据基础。因为教学内容和过程还没有标准化，并且采集渠道和方法不够客观，数据量不够大，还不能形成大数据分析基础。

（2）大量的优质教育资源没有信息化，缺乏对教育资源的统一平台管理，引流困难、推广不畅、应用不够，不利于学习和分享；已有的信息化教育资源较为分散，未形成体系化；特别是三四线城市供给两端需求强烈，三四线城市学生对于课外辅导需求强烈，但当地优秀师资很有限。

（3）K12 还是受国家政策严格保护的领域，私人教育很难做起来，如图 6-18 所示。

（4）K12 的商业模式是面向家长的，用户体验却是面向学生的，两者要协调起来非常难；实际操作中，线上教育很难与传统教育相抗衡，所以炒概念的居多。

（5）与 K12 阶段相比，学龄前儿童的家长更加年轻，没有升学压力，在使用线上教育系统时心理负担更轻，更愿意尝试线上教育系统。

（6）目前国外正在尝试更为科学的素质教育模式，相信这种理念会逐渐渗透到中国；线上学龄前教育有着独特的战略价值，虽然短期内的市场价值并不明确，但在培养孩子对线上教育系统的使用习惯、提升家长对线上教育的信心方面有着重要的意义。

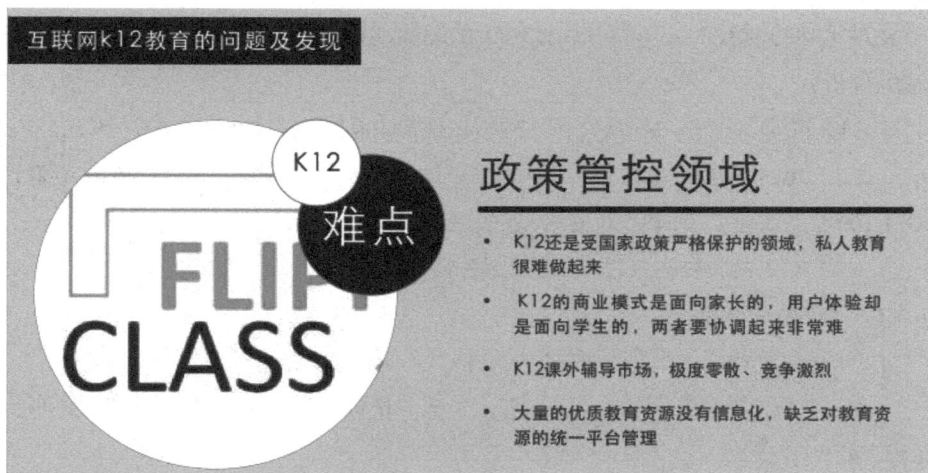

图 6-18　互联网 K12 教育的问题及发现

通过上述分析，我们可以得出如下结论：

（1）市场化率低，仅学前教育、中小学补课、语言教育、职业教育存在市场化机会，6 ~ 22 岁核心领域全为公办教育；

（2）政策管制严，教育是意识形态之本，不会像其他行业一样轻易放宽管制；

（3）行业进入门槛低，谁都觉得自己能做，结果由于过度竞争，谁都做不好。当然，也有很有潜力的公司，但是多数运营比较艰难。

综上所述，顺应大趋势，幼教、出国留学（高中人群）、职业教育这 3 个方向将会是不错的选择，可以尝试。对于未来我们还需要思考：关于学生学习兴趣和学习习惯的培养，在线教育还能做些什么？在线教育在 3~5 年后的核心要素和难点是什么？哪些是需要时间积累的？

对教育工作者来说，互联网教育开辟了新的思路和形式，只需利用好其长处，无论招生、教学还是品牌打造，都能获得提升。但是教育与互联网思维合二为一，在整个行业领域还是非常难以解决的问题。做在线教育，一定要立足于教育，也就是说你的目的必须是教书育人而不是单纯盈利。在解决传统教育与互联网教育之间的冲突时，我们首先需要做好以下 3 点：

（1）保障教学效果，提供优质服务；

（2）增加信任感及品牌背书；

（3）提升学习体验感。

做教育难，做有知识体系的教育更难。在线教育行业基本不存在短期的商业价值，所有现在做内容创业的自媒体或平台，无一例外是做逻辑性内容的筹划。教育也是一个系统全面的问题，单一地解决一个点并不能达到最终效果。学习的本质是沟通，如果不能直接沟通，那么我们也倾向于找一种最接近直接沟通的方式。既然需要找到互联网在线教育相较传统线下教育的差异点，那么"解决碎片化时间内，随时随地学习"不失为一个好的突破点。在实现碎片化学习之前，产品应该试图把内容做成碎片化的信息，效仿新闻类产品，通过将知识内容切碎，让每一段视频讲一个知识点，每一次测试题复习一个知识点，反复巩固学习的最小单元，从而达到学以致用。

以上描述落脚到产品设计，就可以利用 PC+App+ 微信，三端结合，充分挖掘用户在每一个端的使用特性，把学习内容制作得连续且有逻辑性，由浅至深，把整个系统化学习的内容及功能分拆到每个端适合的位置，最大限度地利用学生的学习时间，达到最好的效果呈现。如图 6-19 所示的多端产品定位及三端核心功能设计，利用不同端的侧重，完成用户学习过程中的合理服务及极致体验。

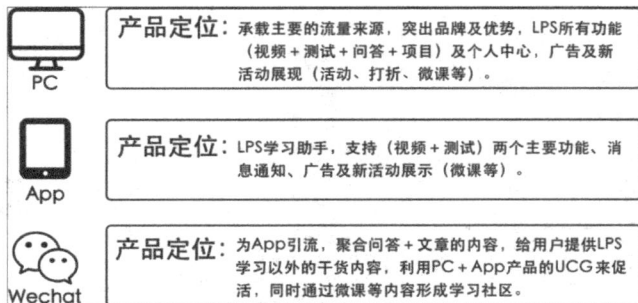

图 6-19 在线教育产品多端定位分析

通过图 6-20，我们可以分析出，对于教育本身来说，了解用户，为每个用户做合适的内容筛选与引导，是定制化学习的一种表达方式。通过 PC 端的大屏展示，利用成熟的 SEO 及导流方式，让 PC 作为核心学习系统的主站点，把 App 作为断点学习的常用工具，分方向及专业，筛选 UGC 做运营层面的促活，并通过学习行为数据的分析，以微信公众号为载体，科学地推送给用户，将用户更小维度的零散时间也充分利用起来，通过运营及推送内容，获取二次传播并及时拉新，整个生态系统中新增的大量内容会自然沉淀为内容社区，贯穿整个产品体系。

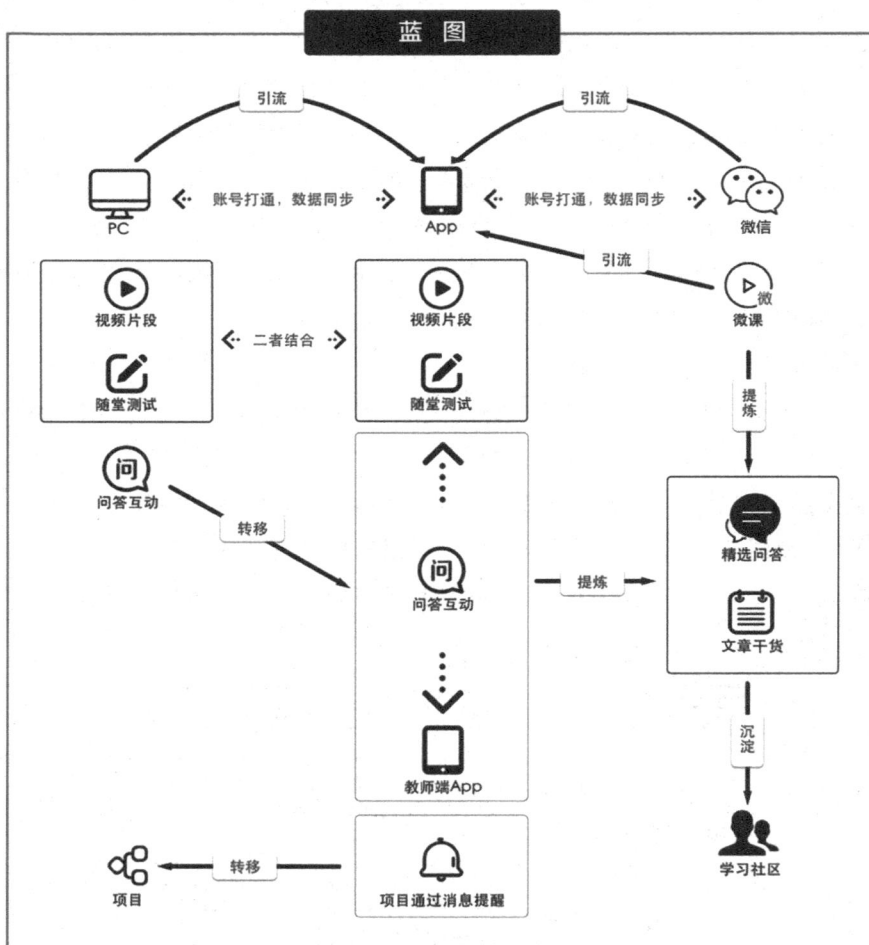

图 6-20　在线教育产品多端设计规划

PC：流量的承载物，品牌的传达者

通过内容自带流量，将流量合理分发到 App，完成项目制作及代码编写的体验。

App：学习小助手，问答出发点

辅助 PC 的系统学习，解决碎片化时间学习的痛点，接收并产生学习结果，分析及问答互动，并做二次传播。

WeChat：干货聚集地，咨询小管家

沉淀精选 UGC（如知识问答、Wiki 等），根据学习过程所需，以"咨询新闻"的模式做定向推送，完成共享经济的积累。

教育行业要想形成平台，那么在变成平台之前，先要解决用户的核心痛点，把学生就业作为最高目标，以结果为导向，而不是把太多精力放在如何创造新模式上。任何模式创新都可能会被迅速抄袭，只有技术创新及数据积累是不能被抄袭的。只有研发教学内容及工具，搜集及处理学生学习数据，才能提升教师的上课效果，进而提高学生成绩，最终把上课的体验感和功能都提升到形成短期复制障碍的层次，这是一个平台打造壁垒的唯一方式。

当你真正了解用户、为学生着想、让学生通过你的平台学习得到了性价比较高的回报，那么口碑和信任感自然就有了。合理的服务 + 极致的体验在教育这个行业本身就很难做到，但是作为服务行业，在优秀教师稀缺的大环境下，通过正向刺激让教师发挥潜力，让学生学到知识，让平台获得口碑及传播，就基本达到互联网教育的制高点了。

案例 6-4：

以"人人都是产品经理"为例，讲解社区对在线教育的作用。

1. 在线教育产品中社区的作用

在互联网领域，大家应该都听过这样一个名词：社区。社区是由各类用户聚集在一起而相互关联形成的大集体。

社区的核心是人与内容。"人"是社区的发动机，有人才有内容的产生。"内容"是社区交流的媒体，也是社区用户消费的主体。创造内容的方式包括：PGC（Professional Generated Content，专业生产内容，如视频网站）、专业人士生产内容（如微博）、UGC（User Generated Content，用户原创内容）等。

运营社区的关键在于引导用户持续产生优质内容和互动行为，后期进行内

容的沉淀和用户关系的建立，促进社区的良性发展，增加整个产品的用户黏性，从而减少用户流失。平台是一个社区成长的基础，为在平台上的供给方和消费方提供各种基础工具和服务支持，使得双方都可以满足自己的利益诉求。

社区的价值是基于平台而言的，不同类型的平台，其社区的价值不同。例如，对于情感交流社区，用户能持续在社区中聊天就有价值。

那么，社区在在线教育平台中的作用到底是什么呢？接下来，我们以"人人都是产品经理"社区为例全面分析。

"人人都是产品经理"是一个以产品经理、运营为核心的学习、交流、分享的平台（后续内容都以"人人"代表"人人都是产品经理"平台）。"人人"以内容吸引用户进入，并使其成为消费者。通过运营手段引导用户持续产生有价值的互动、内容、分享。

在"人人"，用户（读者）所消费的内容以文章为主，文章与产品经理、产品设计、交互设计、产品运营、设计、业界动态、职场攻略、AI 人工智能、区块链等主题相关。当读者被社区的内容吸引，一段时间后就会产生自我表现的欲望，开始想要分享自己的内容。读者所分享出来的内容如果得到正向激励，便会持续贡献内容。当读者产生了一定量的内容后，这些沉淀下来的内容则会给读者一种归属感，从而提高整个传播链上读者的参与感。

"人人"很好地兼顾了社区中"人"与"内容"之间的关系。首先，以知识分享为切入点，不断积累优质内容，为平台引流，吸引了大批优质作者以及读者的关注。其次，将优秀作者发展为导师，把有成长需求的读者发展为学员，为旗下的起点学院课程模块输送优质的内容和人才，形成了一个良好的生态闭环，如图 6-21 所示。

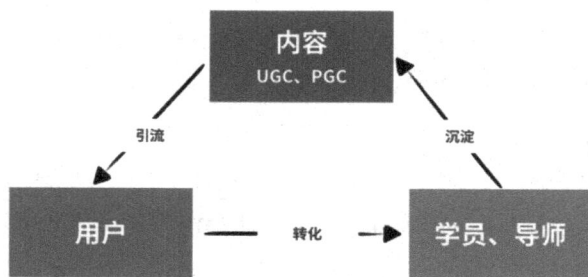

图 6-21 "人人"社区的模式

对比"人人"的模式，在线教育产品还有另一种较为常见的模式，即主要通过 SEM(搜索引擎营销，如图 6-22 所示)、广告等方式为付费课程引流、转化，社区功能较弱。这种模式存在的问题是用户活跃以及留存的问题。用户除了课程学习外很难在平台上形成黏性，通过学习所产生的优质内容也不能形成规模化的沉淀，发展到一定阶段后会面临促活、保活的瓶颈阶段。而注重社区的打造，为用户提供一个知识分享、学习交流、有温度的地方，通过源源不断的优质内容吸引用户，留住用户，可在一定程度上缓解用户留存和活跃方面的问题。在内容为王的时代，以内容获客的方式建立产品内部良性的自循环，有利于产品自身的可持续性发展。

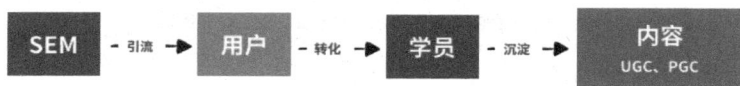

图 6-22 某在线教育平台的模式

综上所述，社区在在线教育平台中起着非常重要的作用。就算再好的教育平台型产品，若没有优质的内容供给者，也只能是一个空壳。内容是促使人产生兴趣和共鸣的基础。应利用优质内容将用户吸引进来，通过互动让用户留存下来，为课程模块引流，提高转化。

2. 从四个方面分析"人人"社区的利与弊

"人人"的产品大致分为四个模块：网站、起点学院、问答、招聘。

（1）网站

"人人"的网站是所有产品的流量入口。将用户引到平台，沉淀内容，再将内容分发在网站的其他频道。网站的流量层层渗透，将用户群细分至相应的领域，支撑起了起点学院、问答、招聘等二级模块。"人人"的获客方式是以内容为主，通过内容聚合精准的用户群体，然后通过运营手段激发用户再产生大量优质内容。深度运营社区，很好地解决了"内容"与"人"之间的关系，"人人"打造了一个良性的内部生态循环，自造血能力强，不用依靠外部途径引流。

"人人"算是社区中做得较为出色的案例之一。但是，对于"人人"这类内容型社区，当文章产出达到一定体量之后，如何让优质内容更容易传递给更多用户，使质量较差的内容低频出现，是需要持续关注并解决的问题。

俗话说得好："好的社区都是运营出来的。"虽然"人人"在这方面做了一些尝试，比如，将内容分类整理、细分用户群体、通过算法完善个性化推荐等。即便这样，仍需要做更多的精细化运营，比如，"人人"可以通过标签的方式，更好地筛选出优质的内容，呈现给用户。如图 6-23 所示，"人人"在文章底部通过打标签的形式来细分文章类型及用户群体画像，以标签的维度及后台行为数据来分析用户的喜好，从而形成更好的用户黏性，进行二次转化。

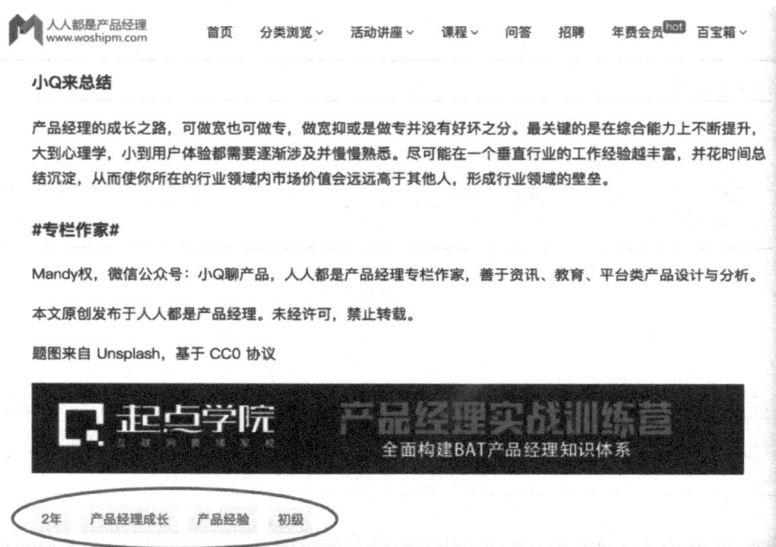

图 6-23 "人人"文章底部的标签

（2）起点学院

在线教育平台，一方面能更好地聚合优质内容，另一方面能为用户提供线下所不能及的服务。其中，内容的产生方式大致分三类：老师单向生产；老师与学生之间沟通、问答而沉淀；学生与学生之间分享、交流而沉淀。

起点学院是"人人"旗下的课程培训模块，主要提供产品经理、运营类课程，以供互联网从业者学习提升。"人人"为起点学院带来了"老师"和"学生"。起点学院以"人人"平台出发，聚合大量业内较为资深的产品和运营人员到平台选择授课，为部分希望得到体系化学习的产品和运营新人提供服务。

如图 6-24 所示，起点学院的课程以产品和运营两类为主。课程的组成为

60% 理论系统学习 +40% 小组讨论。课程包装分为两类，一类是基础课程，另一类是总监进阶课程。基础课程包括线下实训及线上理论和测评。高阶课程主要是针对工作 5 年以上的高级人员晋升总监所打造的实战方法和理论。起点学院的课程算是行业内较为经典且经得起考验的课程，既覆盖了系统的理论，也加入了很多实操案例。学与练紧密结合，效果更佳。

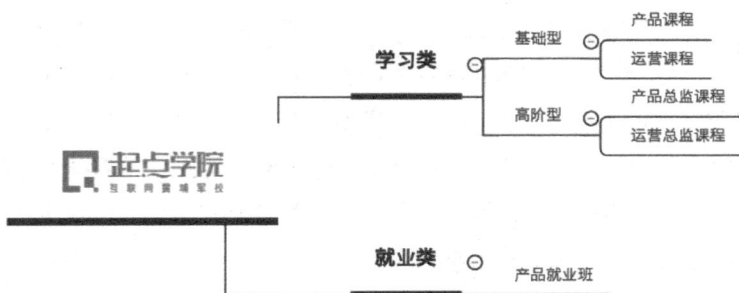

图 6-24 起点学院课程展示

（3）问答（内容）

如果说"人人"平台聚合了"人"和"内容"的话，那么问答板块则是内容二次产出的通道。开拓问答板块，其主要目的是增加用户黏性和用户使用时长。

"人人"平台上的读者 / 学生可以在问答区提出问题，作者 / 老师针对问题给出解决方案，读者 / 学生也可以搜索其他用户沉淀的精彩内容。问答模块突出了优质内容的展示，从而吸引更多的内容消费者（读者 / 学生）更多的注意力。

（4）招聘（人）

学习始终是以结果为导向的。考学、晋升、跳槽都是学习的目标。"人人"抓住学习最核心的本质，逐步从一个只产生内容和消化内容的平台，发展成为输送人才的平台。

当然，"人人"在招聘这块还不算成熟，目前算是已经搭建起了桥梁和通道，后续应该想办法让招聘方活跃起来，比如，将 HR 的公司标签、职位标签等就业的关键参考信息展示出来，或者直接在平台上留下 HR 的联系方式，注册用户或者已付年费的会员可以直接投递简历。通过服务，加速注册用户的信息沉淀，深入挖掘 B 端用户的需求和价值。

3. 传统行业转型，"线上"与"线下"完美结合才能成功

"人人"的成功证明了这样一个观点：传统行业想要互联网化，粗暴地直接复制模式是不妥的。因为不同的商业模式线上化的程度是不同的。线上化的商业本质就是用数据更快、更好地服务用户，从而获得价值，对于教育行业来说更是如此。线上的模式如果无法解决线下的核心需求，且无法自行传播，那么效率就无法得到提高。就如大部分在线教育平台一样，如果放弃线下的成熟的教育模式，在没有内容沉淀的基础上，强硬地将线上平台作为教育的依托，一方面，会脱离教育以内容和服务为主这样的本质，另一方面，仅仅只是"获得客人"，而没有办法"留住客人"，最终必然会出现用户"看完即走"的情况。

如果你已经涉猎传统行业，或者即将进入传统行业，希望能像互联网产品经理一样，帮助传统行业顺利互联网化，请务必记住，脱离行业本质的互联网化是行不通的。在你做优化之前，请先深入行业，潜心探索，用心找到互联网能帮助到传统产业的切入点，再进一步思考如何利用互联网的高效性、开放性，更好地辅助传统行业迈向更高的台阶。

新媒体的使用常态包括获取资讯信息和娱乐内容、自我表达、参与互动等，更多元化、个性化、碎片化。注重用户体验的"90 后"群体，特别是尚未形成下载新闻资讯 App 习惯的"95 后"，是移动资讯应用未来发展的新动力。

综上所述，深入行业，了解行业壁垒，结合互联网的特点，将互联网的思路带入传统行业，提升体验，乃至优化行业，是必然发展的趋势。融入企业，提出互联网方向的解决方案，是一名优秀产品经理的必经之路。

第 7 章

数据驱动，健康成长

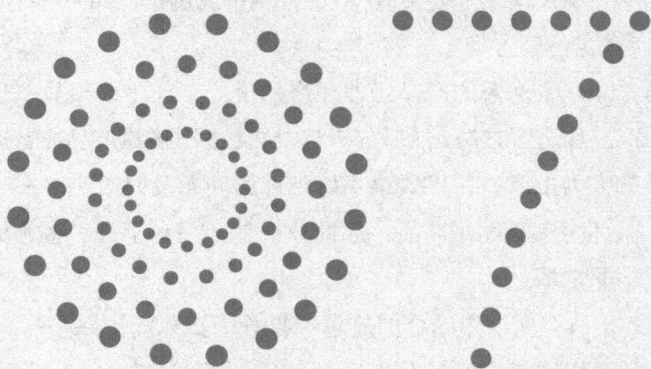

7.1 数据分析并不是简简单单的数据整理（一）

前面 6 章，我们花了大量篇幅，围绕产品经理的成长技能从需求分析到产品设计进行了详细的阐述。本章我们将详细解释数据这一关键词。

现代管理学之父彼得·德鲁克曾说过："如果你不能衡量它，那么你就不能有效增长它。"

一名优秀的产品经理在产品设计工作中必须具备运营思维，将想法转化成产品和运营方法，然后分析其中的数据，衡量产品或者运营的效果。如果效果好，就大力推广；如果效果不好则总结问题及时改进。在构建—衡量—学习的不断循环中逐渐优化产品。数据分析是一门多学科、多领域的交叉学问，涉及的知识非常多。

你是否听过这样的故事：老王开了一家水果铺子，你问他每天生意怎么样，他可以回答"卖得不错 / 很好 / 最近不景气"。这些都是很虚的词，因为他认为卖得不错也许是卖了 50 个水果，而你认为的卖得不错，是卖了 100 个。

产品经理要想做好数据分析，应该有一套完整的思维体系，从价值观、方法论和工具这 3 个层面储备相关知识。确认运营目的、分析核心指标，分解指标系统、数据采集、数据分析及决策支持都立足于产品和用户，产品经理应用数据来打磨产品、检验迭代，不断提升用户体验。

简而言之，数据分析存在于两类常见的场景：一是产品新版本发布后的数据情况；二是研究数据并规划或设计产品的后续改版，看看能不能为产品设计带来点儿新思路。接下来，我们还是系统地梳理一下，什么是数据分析、如何做好数据分析吧。

7.1.1　什么是数据分析

数据分析是用恰当的统计分析方法对收集来的大量数据进行分析，提取有用信息并形成结论进而对数据加以详细研究和概括总结的过程。在生活和工作中，数据分析可帮助人们做出判断，以便采取适当行动。需要注意的是，数据分析是从数据中提取有用的信息，而不是流于形式。通过分析产品过往的数据来洞悉问题，驱动有目标的产品迭代。不同的数据来源会形成不同的数据情况，如图 7-1 所示：

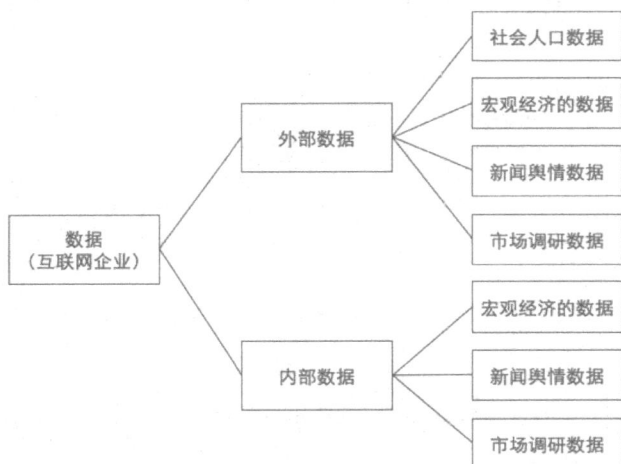

图 7-1　数据来源说明

对产品用户和行为数据的研究，可以大致划分为宏观层、微观层和中间层这 3 个层次。

宏观层：由一系列数据指标构成，如产品每日的活跃用户数、新增用户数、订单数量、点赞的次数和人数、次日或 7 日留存率等，这些指标能够帮助产品经理从整体上把握产品的运营状况。

微观层：由产品中每个用户及其行为细节的数据构成，如每一个用户的年

龄、性别，他在什么时间打开应用，做了什么，他的购物车里都有哪些商品等，这些数据可以让你去深入了解和分析每一个用户及其行为。

中间层：由一系列相互关联的分析方法、模型以及相应的数据构成，如行为分析、漏斗、留存、细分、画像洞察等。

目前，互联网人士比较常用的数据分析方法是 AARRR。AARRR 是硅谷一位名叫戴维·麦克鲁尔的风险投资人在 2008 年时创建的，AARRR 由 Acquisition、Activation、Retention、Revenue、Refer 这 5 个单词的首字母组成，分别指获取、激活、留存、收入和传播，如图 7-2 所示。这 5 个单词，分别对应这款移动应用生命周期中的 5 个重要环节。从 AARRR 框架入手进行产品分析，是一个非常好的分析方法。让我们了解一下在 AARRR 的每个环节中，应当关注什么样的数据，什么样的数据表现才是正常的。

AARRR：增长黑客的海盗法则，精益创业的重要框架

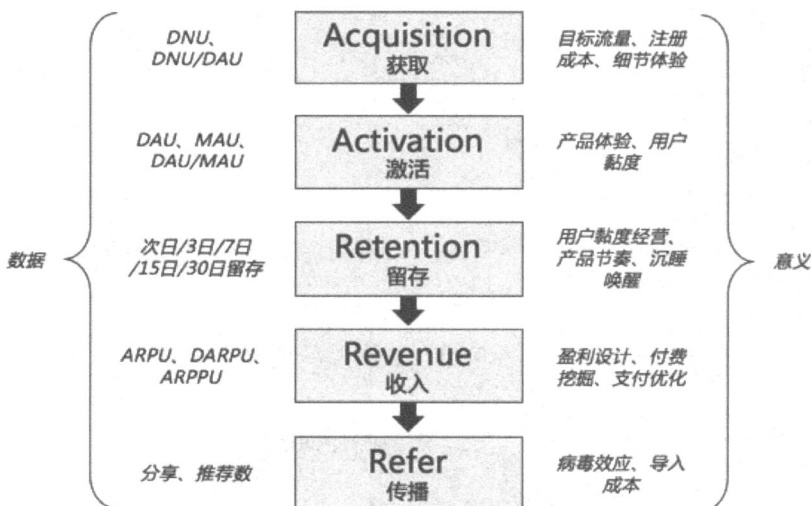

图 7-2　AARRR 数据分析法

7.1.2　数据分析的工具有哪些
1.App
（1）友盟：国内最早做移动数据统计，产品免费，使用最广泛。

（2）GrowingIO：创新"无埋点"技术，可做到先集成、后提取需要数据。

（3）Google Analytics：功能强大，技术成熟，但访问受限，国内访问不稳定。

2.Web

（1）CNZZ：国内较早做网站统计，已被友盟合并，功能足够多，用户基数大。

（2）百度站长平台：功能与 CNZZ 类似，但增强了 SEO、SEM 方面的功能。

（3）Google Analytics：功能强大，技术成熟，其定位分析已远超统计功能，独有自定义分析、电子商务集成等功能。国内网络统计收集数据功能可正常运行。

7.1.3 数据采集（埋点）的主要方法是什么

第 1 种：将第三方统计分析标准 SDK 接入到应用中，也就是根据第三方提供的 SDK 文档，按需所用，其功能也比较全面。比如友盟统计、百度统计，应该都可以统计这些数据。

第 2 种：使用埋点方式。埋点的宏观目标是为了获取数据指标以从整体上验证产品的业务逻辑是否顺畅。埋点是为了给未来产品优化方向提出指导意见而做的。因此要先明确未来想做什么功能，为此需要收集什么数据，哪些可以收集到，如何收集，何时使用？埋点本身其实是对产品的一个可视化健康检查，将逻辑和数据贯穿产品的整个生命周期，使产品逐步达到最佳状态。比如新功能是否得到用户的使用与认可？关于新版本增加的新功能，用户的点击率如何？用户在核心使用路径上是否顺畅？有没有因为交互体验功能按钮的设计而导致无效点击增多？市场运营效果回归如何？针对某个特别的日期进行了产品内的广告 Banner 推广或者促销，该活动的效果如何？

第 3 种：自己开发，精细化运营与产品决策。你要清楚地知道你可以通过哪些数据发现问题，再思考解决方案，并用事后的数据去验证解决方案。根据自己的运营需求收集数据，收集到大量反馈数据后，需要人工对数据进行分析、汇总、分类，提取有价值的信息，从而决定后续的设计和开发如何调整。

图 7-3、图 7-4 所示为统计工具的使用流程，可供参考。

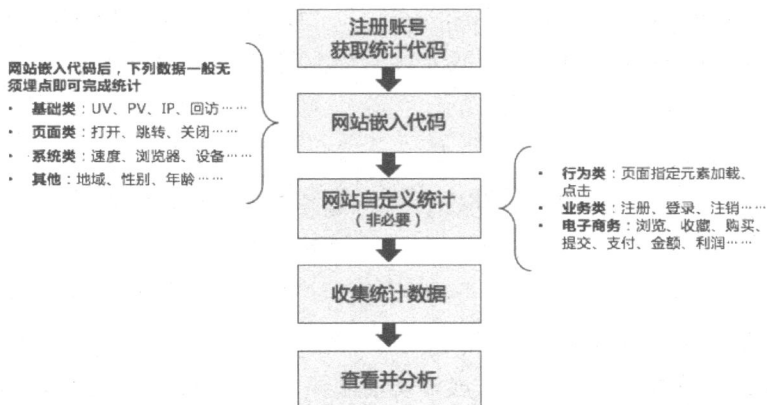

图 7-3 Web 统计工具使用流程

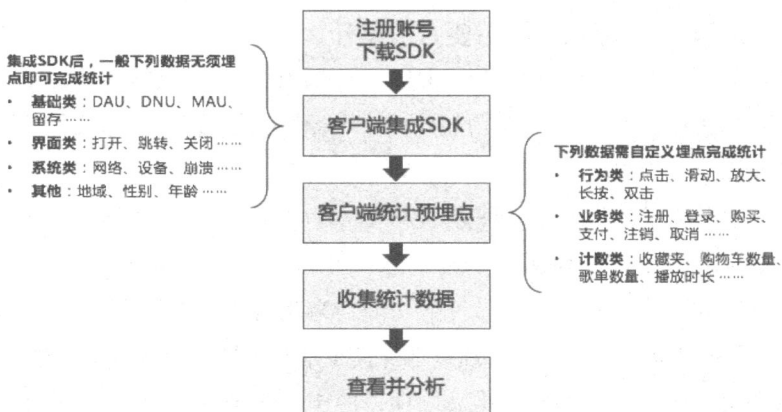

图 7-4 App 统计工具使用流程

7.2 数据分析并不是简简单单的数据整理（二）

7.2.1 数据分析的思维框架

1. 建立指标体系：指标体系没有放之四海而皆准的模板，不同业务形态有不同的指标体系，如图 7-5 所示：

（1）移动 App 和网站不一样；

（2）SaaS 和电子商务不一样；

（3）低频消费和高频消费不一样；

（4）比如婚庆类 App 不需要考虑复购率指标；互联网金融必须要风控指标；电子商务中，卖家和买家的指标各不一样。

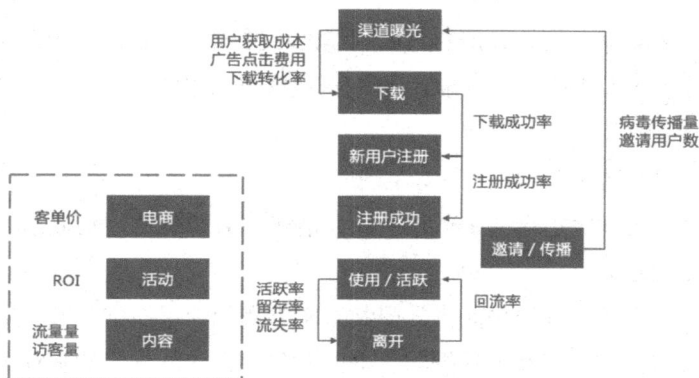

图 7-5　数据分析思维的用户生命周期

2. 明确好坏指标：好指标应该是核心驱动指标，通过优先级和深入度可以将指标拆解为核心指标和相关衍生指标。

（1）核心指标是整个运营团队、产品团队乃至研发团队都统一努力的目标；

（2）核心驱动指标和公司发展关联，是公司在一个阶段内的重点方向；

（3）互联网公司常见的核心指标是用户数和活跃率；

（4）好的指标还有一个特性，它应该是比率或者比例。

3. 建立正确的指标结构：指标结构的构建核心是以业务流程为思路，以结果为导向。

举例：假设你是内容运营者，需要对现有的业务进行分析，获取内容运营相关数据，你会怎么做呢？参考答案如图 7-6 所示。

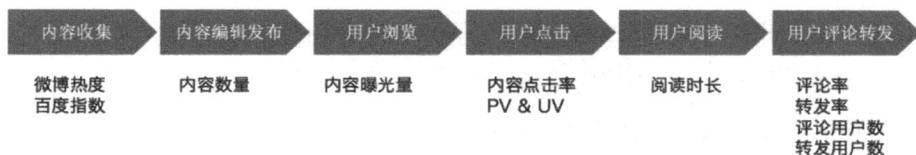

图 7-6　数据分析案例

7.2.2　数据分析流程

我们可以试着梳立整体的流程：

（1）明确分析目的和思路；（2）数据收集；（3）数据处理；（4）数据分析；（5）数据展现；（6）报告撰写。

这个流程只是从数据的角度阐述的，并未结合业务实际。但值得注意的是数据分析的最终目的是指导实践，而不是写一份报告。

7.2.3　浅析数据可视化

数据可视化指借助图形化手段，清晰有效地传达与沟通信息，同时对数据进行交互分析。

由于人类大脑记忆能力的限制，所以我们利用视觉获取的信息量多于利用其他感官获取的。在大数据与互联网时代，企业从传统的流程式管理方式过渡到基于数据的管理方式将会成为必然趋势，数据可视化能够帮助分析者对数据有更全面的认知。常见的数据可视化形式包括折线图、柱状图、饼图、气泡图、雷达图、热力图、树图（Treemap）、河流图、网络图等。

数据可视化的方法如下。

（1）数据采集：在数据采集过程中进行数据分类，根据数据属性和方法通过可视化解决问题。

（2）可视化映射：将数据的数值、空间坐标、不同位置数据间的联系等映射为可视化视觉通道的不同元素，如标记、位置、形状、大小和颜色。

（3）数据变换和处理：通过去噪，清洗数据、提取数据。

（4）用户验证：数据的正确与否，需要用户的大胆假设和积极验证，反复验证数据的合理性等，从而向公众或者上司展示数据。

图 7-7 所示案例，是较为优秀的数据可视化工具，基本能提供全平台数据一、二次开发的简单、定制化的需求。现有的数据可视化产品已涉猎的领域有：互联网、零售快消、电商、O2O、物流、金融、医疗和教育等。

数据可视化在行业中应用举例如下。

1. 行业分析数据可视化——在线教育（见图 7-8）

通过占比类可视化图形展示一个行业的分析情况，将数据的内容直接图形化，分具体的分支做饼状图像的展示，通过比例的划分简单表达分析的情况。

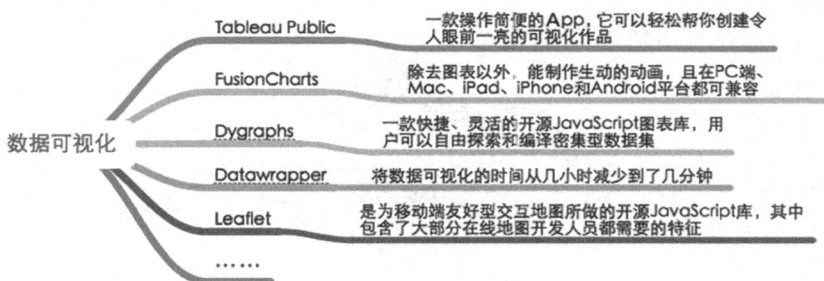

图 7-7 数据可视化典型案例

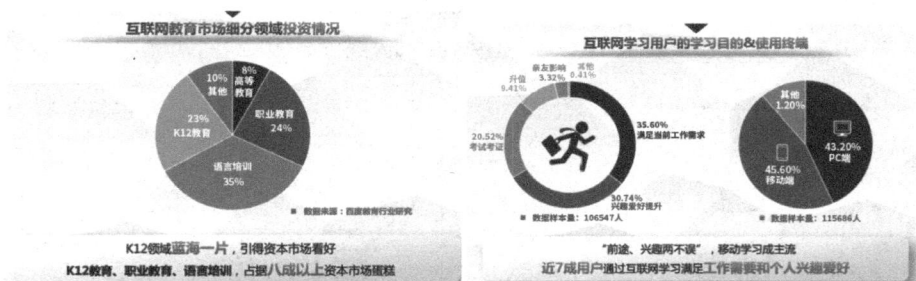

图 7-8 数据可视化案例（1）

2. 用户行为数据可视化——消费数据展示（见图 7-9）

提供一个渠道将人的因素与数据相结合，并且保留人的创造性思维发挥的空间，支持不同人理解相同数据的不确定性。

3. ××数据分析平台——关键数据呈现（见图 7-10）

通过指标、关键数据的图形化，将数据概念动态化；解决传统数据分析平台因数据项冗余、维度过多导致的数据报表不直观等问题。

数据可视化的发展将改变传统的管理方式，让数据的呈现更及时、更直观、更简单，让数据的管理更客观、针对性更强。简单一点来说，未来有数据、有分析的地方就有可视化的需求，随着大数据的处理技术逐步发展，可视化可以承载让用户更容易阅读和理解的工作，让用户体验更佳。

图 7-9　数据可视化案例（2）

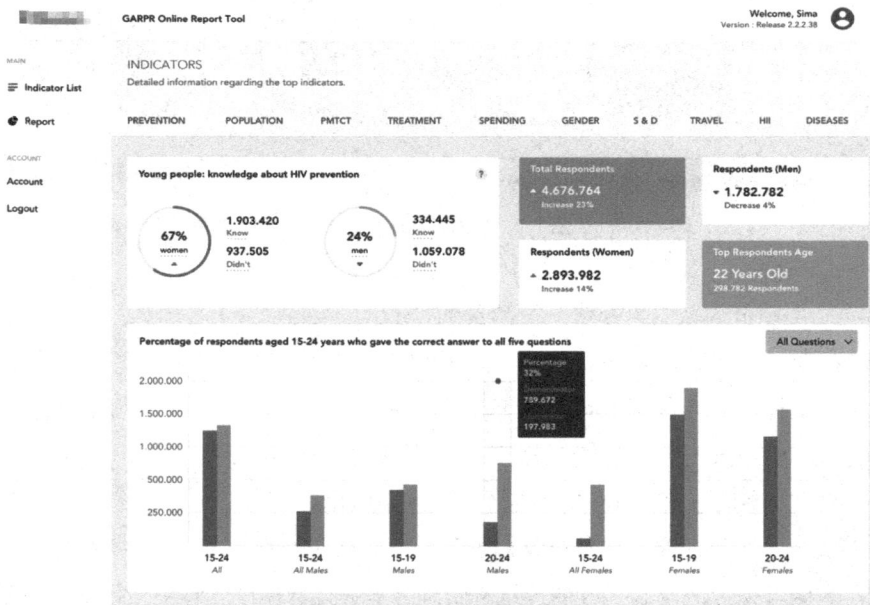

图 7-10　数据可视化案例（3）

7.3　我是这样运营个人微信公众号的

前两节我们提纲挈领地讲解了数据分析，本节将举例说明如何通过数据驱动个人微信公众号的生成和发展。

笔者起初为记录自己多年产品经理工作的点滴，单纯地把一些笔记内容放入了微信公众号，遇到产品组内各种分享会的时候，可作为素材来源，方便需要时查阅。起初的梳理和记录过程并没考虑格式、版式，秉着怎么方便怎么来的想法，开始整理自己的过往工作经验和感想。连续记录了半个月以后，突然发现零散的几部分内容貌似可以揉成一篇文章。于是，笔者就此开启了写文章之路。

完成了文章发布后，自然而然地会思考这样的问题：如何让自己的文章开放给更多朋友看见？思来想去，笔者根据这几年看到的一些运营手法，把文章放到了"人人都是产品经理"社区，因为这里的读者更多是 0~1 岁的初级产品经理，他们需要一些方法。这个过程中，有人觉得看笔者的文章挺有帮助，受益匪浅，让笔者深为感动。

还记得，当时笔者正在一家在线教育公司就职，在一次关于在线教育的未来的讨论会后，笔者就写了一篇《IT 职业在线教育，还能出来"卖"些什么？》发布在"人人都是产品经理"论坛。第二天审核通过，两天突破 1000 的阅读量，还有一些打赏。这些小小的鼓励，激发了笔者开始整理个人知识理论的动力。从那以后笔者坚持平均半个月发一篇文章。

一年的公众号运营故事是这样的：

2016 年 8 月 1 日开始在微信公众号中发文，发文节奏大概是前 3 个月保持每个月发文一篇，2016 年 12 月 ~2017 年 1 月每半个月发文一篇，2017 年 2 月至今，平均一周发文一篇；

2017 年 2 月 6 日，微信开放原创授权；

2017 年 2 月 11 日，微信开放打赏功能：粉丝新增规律：10 个粉丝约为 1 万阅读量（根据多篇文章数据推测），截至本篇，成功获得精准粉丝数 500 ＋，粉丝流失率 <0.0005%（笔者发现，只要坚持提供内容，取关数微乎其微，如图 7-11 所示）；

2017 年 6 月 6 日，持续发文 50 余篇后，成为"人人都是产品经理"论坛的专栏作家。

接下来，介绍一下发文的小窍门。

微信是一个私密的社交圈，粉丝是因为公众号的价值才来关注你，如果关

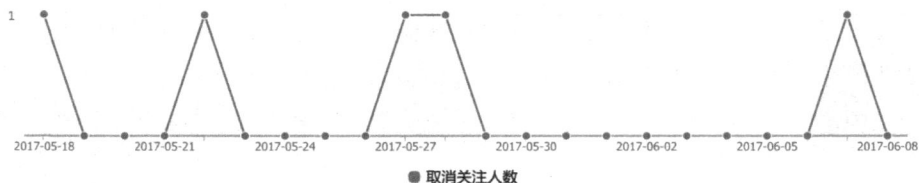

图 7-11　微信后台数据

注后发现并无价值，就会迅速离开。

因此，内容是一个公众号的支柱，一定要持续发布对读者有帮助的内容，一定要以提供优质内容为核心。如果微信公众号的文章质量不高，即使你花费很多精力去做活动和用户运营，也很难持久，用户迟早会因为文章的含金量不高而取消关注这个公众号，所以高质量的内容产出可以让微信公众号持续长久地运营下去。除了高质量的内容之外，还有如下几个关键点需要注意。

1. 明确运营目的，坚持初心永不动摇

找到微信公众号的定位之前，先明确你所定位的人群在某个方面有没有刚需，你是否能够为他们解决这个刚需。

明确定位之后，针对你的目标人群，努力打造匹配自身的内容。坚持输出符合目标人群的高质量内容，提升目标人群对你公众号的认可和熟悉度。

2. 建立自己的品牌，踏出破冰的第一步

为公众号命名之前需要先回答这个问题：我准备做什么？能为用户带来什么？据此给自己的公众号取一个"好听"的名字；所谓的"好听"，旨在让用户记住——用户能通过你的名字快速判断这个公众号是干什么的，关注它之后能对自己有什么帮助。公众号的名字就是品牌，名字能第一时间传达产品的定位和公众号的风格。

名字最好直达作者的运营目的，如果想要运营一个行业方向的公众号，建议公众号的名字简单直接，最好与个人的微信号名称有一定的相关性，或者与个人微信号同名，又或者营造一种休闲风。比如：××聊管理、××书屋等。

3. 固定时间发布，培养用户阅读习惯

关于微信公众号发文的规律和技巧，有 6 个关键点可以借鉴：

（1）周一至周五的阅读量高于周末；

（2）工作日的阅读量大约是周末的 4 ~ 5 倍；

（3）中午更新竞争较少，晚上一般会形成第二次阅读高峰；

（4）上午 8:00 ~ 9:00、晚上 7:00 ~ 9:00 的阅读量较高；

（5）好的标题不仅能很好地概括文章内容，还能与用户产生共鸣；

（6）产品经理的相关基础内容接受度更广泛，行业分析阅读量相对较低，

数据分析如图 7-12 所示：

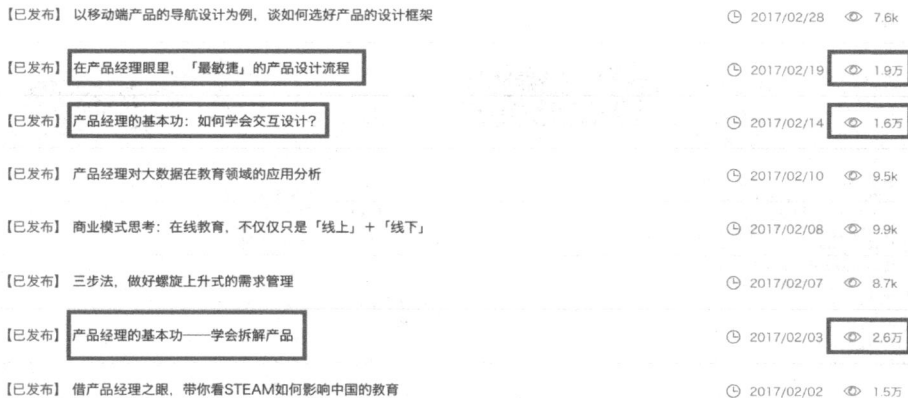

【已发布】	以移动端产品的导航设计为例，谈如何选好产品的设计框架		2017/02/28	7.6k
【已发布】	在产品经理眼里，「最敏捷」的产品设计流程		2017/02/19	1.9万
【已发布】	产品经理的基本功：如何学会交互设计？		2017/02/14	1.6万
【已发布】	产品经理对大数据在教育领域的应用分析		2017/02/10	9.5k
【已发布】	商业模式思考：在线教育，不仅仅只是「线上」+「线下」		2017/02/08	9.9k
【已发布】	三步法，做好螺旋上升式的需求管理		2017/02/07	8.7k
【已发布】	产品经理的基本功——学会拆解产品		2017/02/03	2.6万
【已发布】	借产品经理之眼，带你看STEAM如何影响中国的教育		2017/02/02	1.5万

图 7-12 "人人都是产品经理"个人主页数据

4. 菜单命名要与公众号名称相关，且保持命名风格一致

无论是动宾短语，还是形容词，建议菜单的分类和设计要统一、简单易懂，
如图 7-13 所示。

5. 开放文章转载权限给其他平台小编，与小编建立合作关系

结合多方力量，能更全面地看到自己文章的被接受度。然后根据数据的反
馈来适当调整个人微信号内容的曝光策略。图 7-14 所示为笔者与两家产品设计
相关的平台合作的情况展示。

看到这里，你一定会问，做着产品经理的工作，干吗跑去运营公众号？答
案其实很简单：做微信公众号内容的过程，就是不断去挖掘内容经过产品化之

版本号　20170407.01版 ❓

一级菜单　■ 聊产品　■ 谈学习　■ 说行业

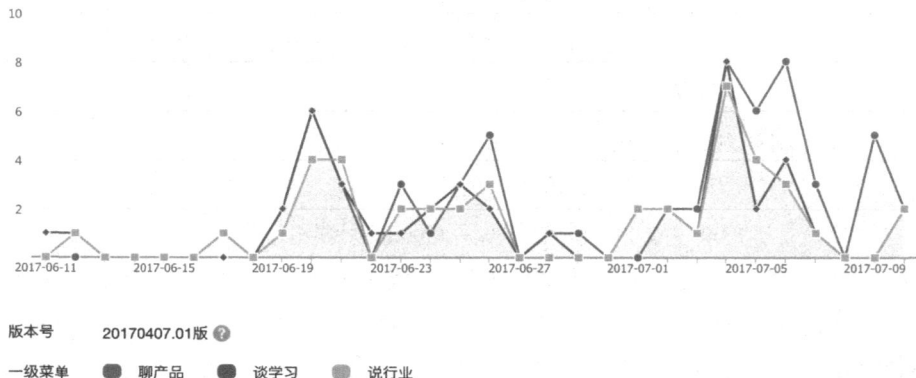

图 7-13　微信公众号菜单分析

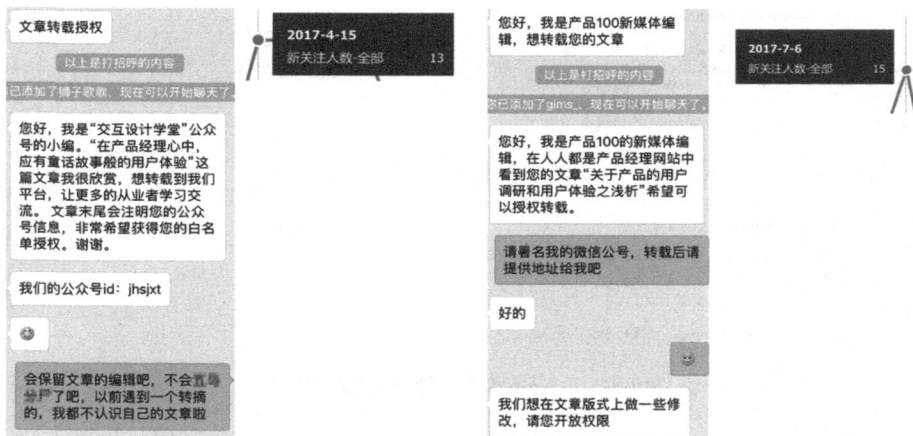

图 7-14　平台合作聊天截图

后可以发挥出怎样的价值。这个过程与产品经理做产品如出一辙。产品是否有价值？功能是否有价值？用户是否认可？这一切都是靠客观的数据来印证的。可见，数据分析是产品功能和运营手段的奠基石，绝大多数的产品决策都需要数据分析去支撑。产品中的很多问题，也只有数据才能体现。合理运用数据的反馈，推动产品的完善，是产品经理必须要掌握的技能，数据分析能让产品经理如虎添翼，能让产品设计方向更客观、理性，更有说服力和竞争力。

　　数据分析是产品经理获得迅速成长必须要花心思掌握的技能之一。一个懂数据分析的产品经理可以利用数据驱动产品设计优化，高效提升用户体验。当你模棱两可的时候，小范围的灰度数据可以帮你快速决策，懂得数据分析重要性的产品经理会走得更远。

好好学习，天天向上

产品经理的成长之路，可做宽也可做专，并没有孰好孰坏之分。正如我们在前文所讲，产品经理是一个复杂的职位，一方面需要"监护"好产品，另一方面还需要"无所不能"。清晰地知道自己产品的各种特点和功能，并为其发展创造更好的环境和条件。在本书的最后，我们一起来总结一下初级产品经理在其成长之路上需要把握的关键点。

首先，我们回顾一下业内普遍将产品经理划分为 3 个级别的说明。

（1）产品助理 (Product Manager Assistant)：产品助理是产品经理的协助人员，在产品经理的工作职能之内，负责产品相关的市场调研、产品策划、部门沟通等工作。

（2）产品经理 (Product Manager)：产品经理负责调研并根据用户的需求，决定如何优化产品以及添加何种功能，根据产品的生命周期，协调研发、营销、运营等人员开展工作，以及其他一系列相关的产品管理活动。

（3）高级产品经理 (Senior Product Manager)：高级产品经理决定开发何种产品，选择何种技术、商业模式等，并推动相应产品的开发组织，还要根据产品的生命周期，协调研发、营销、运营等人员，确定和组织实施相应的产品策略，以及其他一系列相关的产品管理活动。

其次，我们盘点一下，作为一名初级产品经理（助理），你需要做哪些事儿？

（1）不管你是处于哪一阶段的产品经理，都需要先做好这 3 项工作：了解并细化需求，写好需求文档，做好功能原型。

（2）对上对下充分沟通。对上，向领导沟通版本规划、用户情况、日常工作安排；对下，与技术、UI、运营人员做好细节沟通，定期收集需求，全面了解产品当前的情况。

（3）做好质量把关，不断挖掘用户需求，上线前后严守岗位，对紧急情况淡定处理，并清楚问题所在，快速协调相关人员予以解决，减少不必要的用户损失。

（4）协调团队气氛，保证工作不懈怠，让各个岗位能够看清产品前进的方向，以及工作的意义。

（5）项目总结及后续产品规划，充分分析人力、物力，总结每版产品的经验，复盘每个版本的项目周期、员工工作分配，以及最终的效果，不断调优，达到团队默契，并继续前进。

最后，基于初级产品经理的普遍工作内容复盘，我们结合本书的讲解，总结如下几点，希望能为你的产品经理成长之路带去曙光。

（1）从被动接需求到主动挖需求：产品经理成长到一定阶段时，必然会对自己的产品或者某一个即将接触的产品"心怀幻想"——希望它做成什么样子，拥有什么"长相"。不再一味地被动接受上级的安排，而是通过更全面的市场分析、用户调研，提供更好的解决方案给上级，说服上级给你机会去尝试、去验证。

（2）从单一功能设计到复合业务设计：从能把注册登录模块的基础做好，逐渐发展为能把注册登录的体验设计好，再到能把注册登录与其他功能模块之间的逻辑设计好，最终能形成自己的注册登录模块产品模式库，进而逐步延伸至一个整体产品的框架设计，实现产品从 0 到 1 的全面思考和细节设计。

（3）从简单功能拼凑到符合场景的用户体验：把提高用户体验、优化产品设计作为工作中的习惯而非一种负担。当积累足够多的素材，拥有过人的感知之后，哪怕是简单的产品截图，都能让你获益。

（4）从功能产品经理到业务产品经理：一般情况下，高级产品经理重视业务，契合公司战略，回归商业本质。要成长为高级产品经理，需要尽可能在一个垂直行业拥有丰富的工作经验，并花时间总结沉淀，从而使你在行业领域内的市场价值远远高于其他人，形成行业领域的壁垒。

（5）从忙忙碌碌的产品经理到高效自主的产品经理：经常审视自己，用数据指标来管理自己的成长，能让你更加明确能力指标，更加务实。

（6）综上所述，产品经理助理与高级产品经理的核心区别在于执行与战略。产品经理应该致力于综合能力的不断提升，大到心理学，小到用户体验都需要逐渐涉及并慢慢熟悉。当然，产品经理的通用能力项——需求分析、数据分析、项目管理、用户体验、用户研究等，是最需要新人好好学习的。

说到这里，本书即将结束。历时半年，笔者终于把这本书写完了。这次写

书的经历，也是笔者成长之路上的一次大胆尝试。从最初收集内容，到梳理框架，再到逻辑贯通，期间经历了两次推翻重写。

前进的道路虽布满荆棘，但只要坚持，总会看到希望。也许看到这里，你会觉得这本书没写什么新颖的方法论，不值得一看。又或许，你会觉得这本书还是讲了一些好的方法，能在需要时信手拈来。无论如何，真心希望本书能给你带去一些启发。

权 莉